AMERIKAANS-ENGELSE WOORDENSCHAT
nieuwe woorden leren

T&P Books woordenlijsten zijn bedoeld om u te helpen vreemde woorden te leren, te onthouden, en te bestuderen. De woordenschat bevat meer dan 3000 veel gebruikte woorden die thematisch geordend zijn.

* De woordenlijst bevat de meest gebruikte woorden
* Aanbevolen als aanvulling bij welke taalcursus dan ook
* Voldoet aan de behoeften van de beginnende en gevorderde student in vreemde talen
* Geschikt voor dagelijks gebruik, bestudering en zelftestactiviteiten
* Maakt het mogelijk om uw woordenschat te evalueren

Bijzondere kenmerken van de woordenschat

* De woorden zijn gerangschikt naar hun betekenis, niet volgens alfabet
* De woorden worden weergegeven in drie kolommen om bestudering en zelftesten te vergemakkelijken
* Woorden in groepen worden verdeeld in kleine blokken om het leerproces te vergemakkelijken
* De woordenschat biedt een handige en eenvoudige beschrijving van elk buitenlands woord

De woordenschat bevat 101 onderwerpen zoals:

Basisconcepten, getallen, kleuren, maanden, seizoenen, meeteenheden, kleding en acces-soires, eten & voeding, restaurant, familieleden, verwanten, karakter, gevoelens, emoties, ziekten, stad, dorp, bezienswaardigheden, winkelen, geld, huis, thuis, kantoor, werken op kantoor, import & export, marketing, werk zoeken, sport, onderwijs, computer, internet, gereedschap, natuur, landen, nationaliteiten en meer ...

INHOUDSOPGAVE

UITSPRAAKGIDS

Letter	Engels voorbeeld	T&P fonetisch alfabet	Nederlands voorbeeld

Klinkers

a	age	[eɪ]	Azerbeidzjan
a	bag	[æ]	Nederlands Nedersaksisch - dät, Engels - cat
a	car	[ɑ:]	maart
a	care	[eə]	alinea
e	meat	[i:]	team, portier
e	pen	[e]	delen, spreken
e	verb	[ɜ]	als in urn
e	here	[ɪə]	België, Australië
i	life	[aj]	byte, majoor
i	sick	[ɪ]	iemand, die
i	girl	[ø]	neus, beu
i	fire	[ajə]	bajonet
o	rose	[əʊ]	snowboard
o	shop	[ɒ]	Fries - 'hanne'
o	sport	[ɔ:]	rood, knoop
o	ore	[ɔ:]	rood, knoop
u	to include	[u:]	fuut, uur
u	sun	[ʌ]	acht
u	church	[ɜ]	als in urn
u	pure	[ʊə]	werken, grondwet
y	to cry	[aj]	byte, majoor
y	system	[ɪ]	iemand, die
y	Lyre	[ajə]	bajonet
y	party	[ɪ]	iemand, die

Medeklinkers

b	bar	[b]	hebben
c	city	[s]	spreken, kosten
c	clay	[k]	kennen, kleur
d	day	[d]	Dank u, honderd
f	face	[f]	feestdag, informeren
g	geography	[dʒ]	jeans, jungle
g	glue	[g]	goal, tango
h	home	[h]	het, herhalen
j	joke	[dʒ]	jeans, jungle

Letter	Engels voorbeeld	T&P fonetisch alfabet	Nederlands voorbeeld
k	king	[k]	kennen, kleur
l	love	[l]	delen, luchter
m	milk	[m]	morgen, etmaal
n	nose	[n]	nemen, zonder
p	pencil	[p]	parallel, koper
q	queen	[k]	kennen, kleur
r	rose	[r]	roepen, breken
s	sleep	[s]	spreken, kosten
s	please	[z]	zeven, zesde
s	pleasure	[ʒ]	journalist, rouge
t	table	[t]	tomaat, taart
v	velvet	[v]	beloven, schrijven
w	winter	[w]	twee, willen
x	ox	[ks]	links, maximaal
x	exam	[gz]	[g] als in goal + [z]
z	azure	[ʒ]	journalist, rouge
z	zebra	[z]	zeven, zesde

Lettercombinaties

ch	China	[ʧ]	Tsjechië, cello
ch	chemistry	[k]	kennen, kleur
ch	machine	[ʃ]	shampoo, machine
sh	ship	[ʃ]	shampoo, machine
th	weather	[ð]	Stemhebbende dentaal, Engels - there
th	tooth	[θ]	Stemloze dentaal, Engels - thank you
ph	telephone	[f]	feestdag, informeren
ck	black	[k]	kennen, kleur
ng	ring	[ŋ]	optelling, jongeman
ng	English	[ŋ]	optelling, jongeman
wh	white	[w]	twee, willen
wh	whole	[h]	het, herhalen
wr	wrong	[r]	roepen, breken
gh	enough	[f]	feestdag, informeren
gh	sign	[n]	nemen, zonder
kn	knife	[n]	nemen, zonder
qu	question	[kv]	kwaliteit, Ecuador
tch	catch	[ʧ]	Tsjechië, cello
oo+k	book	[ʊ]	hoed, doe
oo+r	door	[ɔ:]	rood, knoop
ee	tree	[i:]	team, portier
ou	house	[aʊ]	blauw
ou+r	our	[aʊə]	blauwe
ay	today	[eɪ]	Azerbeidzjan
ey	they	[eɪ]	Azerbeidzjan

AFKORTINGEN
gebruikt in de woordenschat

Nederlandse afkortingen

mann.	-	mannelijk
vrouw.	-	vrouwelijk
mv.	-	meervoud
on.ww.	-	onovergankelijk werkwoord
ov.ww.	-	overgankelijk werkwoord
bn	-	bijvoeglijk naamwoord
bw	-	bijwoord
abn	-	als bijvoeglijk naamwoord
bijv.	-	bijvoorbeeld
enz.	-	enzovoort
wisk.	-	wiskunde
enk.	-	enkelvoud
ov.	-	over
mil.	-	militair
vn	-	voornaamwoord
telb.	-	telbaar
form.	-	formele taal
ontelb.	-	ontelbaar
inform.	-	informele taal
vw	-	voegwoord
vz	-	voorzetsel
ww	-	werkwoord

Nederlandse artikelen

de	-	gemeenschappelijk geslacht
het	-	onzijdig
de/het	-	onzijdig, gemeenschappelijk geslacht

Engelse afkortingen

v aux	-	hulp werkwoord
vi	-	onovergankelijk werkwoord
vi, vt	-	onovergankelijk, overgankelijk werkwoord
vt	-	overgankelijk werkwoord

BASISBEGRIPPEN

1. Voornaamwoorden

ik	I, me	[aɪ], [mi:]
jij, je	you	[ju:]
hij	he	[hi:]
zij, ze	she	[ʃi:]
het	it	[ɪt]
wij, we	we	[wi:]
jullie	you	[ju:]
zij, ze	they	[ðeɪ]

2. Begroetingen. Begroetingen

Hallo! Dag!	Hello!	[hə'ləʊ]
Hallo!	Hello!	[hə'ləʊ]
Goedemorgen!	Good morning!	[gʊd 'mɔ:nɪŋ]
Goedemiddag!	Good afternoon!	[gʊd ˌɑ:ftə'nu:n]
Goedenavond!	Good evening!	[gʊd 'i:vnɪŋ]
gedag zeggen (groeten)	to say hello	[tə seɪ hə'ləʊ]
Hoi!	Hi!	[haɪ]
groeten (het)	greeting	['gri:tɪŋ]
verwelkomen (ww)	to greet (vt)	[tə gri:t]
Hoe gaat het?	How are you?	[ˌhaʊ ə 'ju:]
Is er nog nieuws?	What's new?	[ˌwɒts 'nju:]
Dag! Tot ziens!	Bye-Bye! Goodbye!	[baɪ-baɪ], [gʊd'baɪ]
Tot snel! Tot ziens!	See you soon!	['si: ju ˌsu:n]
afscheid nemen (ww)	to say goodbye	[tə seɪ gʊd'baɪ]
Tot kijk!	So long!	[ˌsəʊ 'lɒŋ]
Dank u!	Thank you!	['θæŋk ju:]
Dank u wel!	Thank you very much!	['θæŋk ju 'verɪ mʌtʃ]
Graag gedaan	You're welcome.	[ˌjuɑ: 'welkəm]
Geen dank!	Don't mention it!	[ˌdəʊnt 'menʃən ɪt]
Excuseer me, ...	Excuse me, ...	[ɪk'skju:z mi:]
excuseren (verontschuldigen)	to excuse (vt)	[tə ɪk'skju:z]
zich verontschuldigen	to apologize (vi)	[tə ə'pɒlədʒaɪz]
Mijn excuses.	My apologies.	[maɪ ə'pɒlədʒɪz]
Het spijt me!	I'm sorry!	[aɪm 'sɒrɪ]
Maakt niet uit!	It's okay!	[ɪts ˌəʊ'keɪ]
alsjeblieft	please	[pli:z]

Vergeet het niet!	Don't forget!	[ˌdəʊnt fəˈget]
Natuurlijk!	Certainly!	[ˈsɜːtənlɪ]
Natuurlijk niet!	Of course not!	[əv ˌkɔːs ˈnɒt]
Akkoord!	Okay!	[ˌəʊˈkeɪ]
Zo is het genoeg!	That's enough!	[ðæts ɪˈnʌf]

3. Vragen

Wie?	Who?	[huː]
Wat?	What?	[wɒt]
Waar?	Where?	[weə]
Waarheen?	Where?	[weə]
Waar ... vandaan?	From where?	[frəm weə(r)]
Wanneer?	When?	[wen]
Waarom?	Why?	[waɪ]

Waarvoor dan ook?	What for?	[wɒt fɔː(r)]
Hoe?	How?	[haʊ]
Welk?	Which?	[wɪtʃ]

Aan wie?	To whom?	[tə huːm]
Over wie?	About whom?	[əˈbaʊt ˌhuːm]
Waarover?	About what?	[əˈbaʊt ˌwɒt]
Met wie?	With whom?	[wɪð ˈhuːm]

Hoeveel? (telb.)	How many?	[ˌhaʊ ˈmenɪ]
Hoeveel? (ontelb.)	How much?	[ˌhaʊ ˈmʌtʃ]
Van wie?	Whose?	[huːz]

4. Voorzetsels

met (bijv. ~ beleg)	with	[wɪð]
zonder (~ accent)	without	[wɪˈðaʊt]
naar (in de richting van)	to	[tuː]
over (praten ~)	about	[əˈbaʊt]
voor (in tijd)	before	[bɪˈfɔː(r)]
voor (aan de voorkant)	in front of ...	[ɪn ˈfrʌnt əv]

onder (lager dan)	under	[ˈʌndə(r)]
boven (hoger dan)	above	[əˈbʌv]
op (bovenop)	on	[ɒn]
van (uit, afkomstig van)	from	[frɒm]
van (gemaakt van)	of	[əv]
over (bijv. ~ een uur)	in	[ɪn]
over (over de bovenkant)	over	[ˈəʊvə(r)]

5. Functiewoorden. Bijwoorden. Deel 1

| Waar? | Where? | [weə] |
| hier (bw) | here | [hɪə(r)] |

daar (bw)	there	[ðeə(r)]
ergens (bw)	somewhere	['sʌmweə(r)]
nergens (bw)	nowhere	['nəʊweə(r)]

| bij … (in de buurt) | by | [baɪ] |
| bij het raam | by the window | [baɪ ðə 'wɪndəʊ] |

Waarheen?	Where?	[weə]
hierheen (bw)	here	[hɪə(r)]
daarheen (bw)	there	[ðeə(r)]
hiervandaan (bw)	from here	[frɒm hɪə(r)]
daarvandaan (bw)	from there	[frɒm ðeə(r)]

| dichtbij (bw) | close | [kləʊs] |
| ver (bw) | far | [fɑ:(r)] |

niet ver (bw)	not far	[nɒt fɑ:(r)]
linker (bn)	left	[left]
links (bw)	on the left	[ɒn ðə left]
linksaf, naar links (bw)	to the left	[tə ðə left]

rechter (bn)	right	[raɪt]
rechts (bw)	on the right	[ɒn ðə raɪt]
rechtsaf, naar rechts (bw)	to the right	[tə ðə raɪt]

vooraan (bw)	in front	[ɪn frʌnt]
voorste (bn)	front	[frʌnt]
vooruit (bw)	ahead	[ə'hed]

achter (bw)	behind	[bɪ'haɪnd]
van achteren (bw)	from behind	[frɒm bɪ'haɪnd]
achteruit (naar achteren)	back	[bæk]

| midden (het) | middle | ['mɪdəl] |
| in het midden (bw) | in the middle | [ɪn ðə 'mɪdəl] |

opzij (bw)	at the side	[ət ðə saɪd]
overal (bw)	everywhere	['evrɪweə(r)]
omheen (bw)	around	[ə'raʊnd]

binnenuit (bw)	from inside	[frɒm ɪn'saɪd]
naar ergens (bw)	somewhere	['sʌmweə(r)]
rechtdoor (bw)	straight	[streɪt]
terug (bijv. ~ komen)	back	[bæk]

| ergens vandaan (bw) | from anywhere | [frɒm 'enɪweə(r)] |
| ergens vandaan (en dit geld moet ~ komen) | from somewhere | [frɒm 'sʌmweə(r)] |

ten eerste (bw)	firstly	['fɜ:stlɪ]
ten tweede (bw)	secondly	['sekəndlɪ]
ten derde (bw)	thirdly	['θɜ:dlɪ]

plotseling (bw)	suddenly	['sʌdənlɪ]
in het begin (bw)	at first	[ət fɜ:st]
voor de eerste keer (bw)	for the first time	[fɔ: ðə 'fɜ:st ˌtaɪm]

| lang voor ... (bw) | long before ... | [lɒŋ bɪ'fɔ:(r)] |
| voor eeuwig (bw) | for good | [fɔ: 'gʊd] |

nooit (bw)	never	['nevə(r)]
weer (bw)	again	[ə'gen]
nu (bw)	now	[naʊ]
vaak (bw)	often	['ɒfən]
toen (bw)	then	[ðen]
urgent (bw)	urgently	['ɜ:dʒəntlɪ]
meestal (bw)	usually	['ju:ʒəlɪ]

trouwens, ... (tussen haakjes)	by the way, ...	[baɪ ðə weɪ]
mogelijk (bw)	possible	['pɒsəbəl]
waarschijnlijk (bw)	probably	['prɒbəblɪ]
misschien (bw)	maybe	['meɪbi:]
trouwens (bw)	besides ...	[bɪ'saɪdz]
daarom ...	that's why ...	[ðæts waɪ]
in weerwil van ...	in spite of ...	[ɪn 'spaɪt əv]
dankzij ...	thanks to ...	['θæŋks tu:]

wat (vn)	what	[wɒt]
dat (vw)	that	[ðæt]
iets (vn)	something	['sʌmθɪŋ]
iets	anything, something	['enɪθɪŋ], ['sʌmθɪŋ]
niets (vn)	nothing	['nʌθɪŋ]

wie (~ is daar?)	who	[hu:]
iemand (een onbekende)	someone	['sʌmwʌn]
iemand (een bepaald persoon)	somebody	['sʌmbədɪ]

niemand (vn)	nobody	['nəʊbədɪ]
nergens (bw)	nowhere	['nəʊweə(r)]
niemands (bn)	nobody's	['nəʊbədɪz]
iemands (bn)	somebody's	['sʌmbədɪz]

zo (Ik ben ~ blij)	so	[səʊ]
ook (evenals)	also	['ɔ:lsəʊ]
alsook (eveneens)	too	[tu:]

6. Functiewoorden. Bijwoorden. Deel 2

Waarom?	Why?	[waɪ]
om een bepaalde reden	for some reason	[fɔ: 'sʌm ˌri:zən]
omdat ...	because ...	[bɪ'kɒz]

en (vw)	and	[ænd]
of (vw)	or	[ɔ:(r)]
maar (vw)	but	[bʌt]
voor (vz)	for	[fɔ:r]

| te (~ veel mensen) | too | [tu:] |
| alleen (bw) | only | ['əʊnlɪ] |

| precies (bw) | exactly | [ɪɡˈzæktlɪ] |
| ongeveer (~ 10 kg) | about | [əˈbaʊt] |

omstreeks (bw)	approximately	[əˈprɒksɪmətlɪ]
bij benadering (bn)	approximate	[əˈprɒksɪmət]
bijna (bw)	almost	[ˈɔːlməʊst]
rest (de)	the rest	[ðə rest]

de andere (tweede)	the other	[ðə ˈʌðə(r)]
ander (bn)	other	[ˈʌðə(r)]
elk (bn)	each	[iːtʃ]
om het even welk	any	[ˈenɪ]
veel (telb.)	many	[ˈmenɪ]
veel (ontelb.)	much	[mʌtʃ]
veel mensen	many people	[ˌmenɪ ˈpiːpəl]
iedereen (alle personen)	all	[ɔːl]

in ruil voor ...	in return for ...	[ɪn rɪˈtɜːn fɔː]
in ruil (bw)	in exchange	[ɪn ɪksˈtʃeɪndʒ]
met de hand (bw)	by hand	[baɪ hænd]
onwaarschijnlijk (bw)	hardly	[ˈhɑːdlɪ]

waarschijnlijk (bw)	probably	[ˈprɒbəblɪ]
met opzet (bw)	on purpose	[ɒn ˈpɜːpəs]
toevallig (bw)	by accident	[baɪ ˈæksɪdənt]

zeer (bw)	very	[ˈverɪ]
bijvoorbeeld (bw)	for example	[fɔːr ɪɡˈzɑːmpəl]
tussen (~ twee steden)	between	[bɪˈtwiːn]
tussen (te midden van)	among	[əˈmʌŋ]
zoveel (bw)	so much	[səʊ mʌtʃ]
vooral (bw)	especially	[ɪˈspeʃəlɪ]

GETALLEN. DIVERSEN

7. Kardinale getallen. Deel 1

nul	zero	['zɪərəʊ]
een	one	[wʌn]
twee	two	[tuː]
drie	three	[θriː]
vier	four	[fɔː(r)]

vijf	five	[faɪv]
zes	six	[sɪks]
zeven	seven	['sevən]
acht	eight	[eɪt]
negen	nine	[naɪn]

tien	ten	[ten]
elf	eleven	[ɪ'levən]
twaalf	twelve	[twelv]
dertien	thirteen	[ˌθɜːˈtiːn]
veertien	fourteen	[ˌfɔːˈtiːn]

vijftien	fifteen	[fɪfˈtiːn]
zestien	sixteen	[sɪksˈtiːn]
zeventien	seventeen	[ˌsevənˈtiːn]
achttien	eighteen	[ˌeɪˈtiːn]
negentien	nineteen	[ˌnaɪnˈtiːn]

twintig	twenty	['twentɪ]
eenentwintig	twenty-one	['twentɪ ˌwʌn]
tweeëntwintig	twenty-two	['twentɪ ˌtuː]
drieëntwintig	twenty-three	['twentɪ ˌθriː]

dertig	thirty	['θɜːtɪ]
eenendertig	thirty-one	['θɜːtɪ ˌwʌn]
tweeëndertig	thirty-two	['θɜːtɪ ˌtuː]
drieëndertig	thirty-three	['θɜːtɪ ˌθriː]

veertig	forty	['fɔːtɪ]
eenenveertig	forty-one	['fɔːtɪˌwʌn]
tweeënveertig	forty-two	['fɔːtɪˌtuː]
drieënveertig	forty-three	['fɔːtɪˌθriː]

vijftig	fifty	['fɪftɪ]
eenenvijftig	fifty-one	['fɪftɪ ˌwʌn]
tweeënvijftig	fifty-two	['fɪftɪ ˌtuː]
drieënvijftig	fifty-three	['fɪftɪ ˌθriː]

| zestig | sixty | ['sɪkstɪ] |
| eenenzestig | sixty-one | ['sɪkstɪ ˌwʌn] |

| tweeënzestig | sixty-two | [ˈsɪkstɪ ˌtuː] |
| drieënzestig | sixty-three | [ˈsɪkstɪ ˌθriː] |

zeventig	seventy	[ˈsevəntɪ]
eenenzeventig	seventy-one	[ˈsevəntɪ ˌwʌn]
tweeënzeventig	seventy-two	[ˈsevəntɪ ˌtuː]
drieënzeventig	seventy-three	[ˈsevəntɪ ˌθriː]

tachtig	eighty	[ˈeɪtɪ]
eenentachtig	eighty-one	[ˈeɪtɪ ˌwʌn]
tweeëntachtig	eighty-two	[ˈeɪtɪ ˌtuː]
drieëntachtig	eighty-three	[ˈeɪtɪ ˌθriː]

negentig	ninety	[ˈnaɪntɪ]
eenennegentig	ninety-one	[ˈnaɪntɪ ˌwʌn]
tweeënnegentig	ninety-two	[ˈnaɪntɪ ˌtuː]
drieënnegentig	ninety-three	[ˈnaɪntɪ ˌθriː]

8. Kardinale getallen. Deel 2

honderd	one hundred	[ˌwʌn ˈhʌndrəd]
tweehonderd	two hundred	[tu ˈhʌndrəd]
driehonderd	three hundred	[θriː ˈhʌndrəd]
vierhonderd	four hundred	[ˌfɔː ˈhʌndrəd]
vijfhonderd	five hundred	[ˌfaɪv ˈhʌndrəd]

zeshonderd	six hundred	[sɪks ˈhʌndrəd]
zevenhonderd	seven hundred	[ˈsevən ˈhʌndrəd]
achthonderd	eight hundred	[eɪt ˈhʌndrəd]
negenhonderd	nine hundred	[ˌnaɪn ˈhʌndrəd]

duizend	one thousand	[ˌwʌn ˈθaʊzənd]
tweeduizend	two thousand	[tu ˈθaʊzənd]
drieduizend	three thousand	[θriː ˈθaʊzənd]
tienduizend	ten thousand	[ten ˈθaʊzənd]
honderdduizend	one hundred thousand	[ˌwʌn ˈhʌndrəd ˈθaʊzənd]
miljoen (het)	million	[ˈmɪljən]
miljard (het)	billion	[ˈbɪljən]

9. Ordinale getallen

eerste (bn)	first	[fɜːst]
tweede (bn)	second	[ˈsekənd]
derde (bn)	third	[θɜːd]
vierde (bn)	fourth	[fɔːθ]
vijfde (bn)	fifth	[fɪfθ]

zesde (bn)	sixth	[sɪksθ]
zevende (bn)	seventh	[ˈsevənθ]
achtste (bn)	eighth	[eɪtθ]
negende (bn)	ninth	[naɪnθ]
tiende (bn)	tenth	[tenθ]

KLEUREN. MEETEENHEDEN

10. Kleuren

kleur (de)	color	['kʌlə(r)]
tint (de)	shade	[ʃeɪd]
kleurnuance (de)	hue	[hju:]
regenboog (de)	rainbow	['reɪnbəʊ]
wit (bn)	white	[waɪt]
zwart (bn)	black	[blæk]
grijs (bn)	gray	[greɪ]
groen (bn)	green	[gri:n]
geel (bn)	yellow	['jeləʊ]
rood (bn)	red	[red]
blauw (bn)	blue	[blu:]
lichtblauw (bn)	light blue	[ˌlaɪt 'blu:]
roze (bn)	pink	[pɪŋk]
oranje (bn)	orange	['ɒrɪndʒ]
violet (bn)	violet	['vaɪələt]
bruin (bn)	brown	[braʊn]
goud (bn)	golden	['gəʊldən]
zilverkleurig (bn)	silvery	['sɪlvərɪ]
beige (bn)	beige	[beɪʒ]
roomkleurig (bn)	cream	[kri:m]
turkoois (bn)	turquoise	['tɜ:kwɔɪz]
kersrood (bn)	cherry red	['tʃerɪ red]
lila (bn)	lilac	['laɪlək]
karmijnrood (bn)	crimson	['krɪmzən]
licht (bn)	light	[laɪt]
donker (bn)	dark	[dɑ:k]
fel (bn)	bright	[braɪt]
kleur-, kleurig (bn)	colored	['kʌləd]
kleuren- (abn)	color	['kʌlə(r)]
zwart-wit (bn)	black-and-white	[blæk ən waɪt]
eenkleurig (bn)	plain	[pleɪn]
veelkleurig (bn)	multicolored	['mʌltɪˌkʌləd]

11. Meeteenheden

gewicht (het)	weight	[weɪt]
lengte (de)	length	[leŋθ]

breedte (de)	width	[wɪdθ]
hoogte (de)	height	[haɪt]
diepte (de)	depth	[depθ]
volume (het)	volume	['vɒljuːm]
oppervlakte (de)	area	['eərɪə]

gram (het)	gram	[græm]
milligram (het)	milligram	['mɪlɪgræm]
kilogram (het)	kilogram	['kɪləˌgræm]
ton (duizend kilo)	ton	[tʌn]
pond (het)	pound	[paʊnd]
ons (het)	ounce	[aʊns]

meter (de)	meter	['miːtə(r)]
millimeter (de)	millimeter	['mɪlɪˌmiːtə(r)]
centimeter (de)	centimeter	['sentɪˌmiːtə(r)]
kilometer (de)	kilometer	['kɪləˌmiːtə(r)]
mijl (de)	mile	[maɪl]

duim (de)	inch	[ɪntʃ]
voet (de)	foot	[fʊt]
yard (de)	yard	[jɑːd]

vierkante meter (de)	square meter	[skweə 'miːtə(r)]
hectare (de)	hectare	['hekteə(r)]

liter (de)	liter	['liːtə(r)]
graad (de)	degree	[dɪ'griː]
volt (de)	volt	[vəʊlt]
ampère (de)	ampere	['æmpeə(r)]
paardenkracht (de)	horsepower	['hɔːsˌpaʊə(r)]

hoeveelheid (de)	quantity	['kwɒntɪtɪ]
een beetje ...	a little bit of ...	[ə 'lɪtəl bɪt əv]
helft (de)	half	[hɑːf]
dozijn (het)	dozen	['dʌzən]
stuk (het)	piece	[piːs]

afmeting (de)	size	[saɪz]
schaal (bijv. ~ van 1 op 50)	scale	[skeɪl]

minimaal (bn)	minimal	['mɪnɪməl]
minste (bn)	the smallest	[ðə 'smɔːləst]
medium (bn)	medium	['miːdɪəm]
maximaal (bn)	maximal	['mæksɪməl]
grootste (bn)	the largest	[ðə 'lɑːdʒɪst]

12. Containers

glazen pot (de)	jar	[dʒɑː(r)]
blik (conserven~)	can	[kæn]
emmer (de)	bucket	['bʌkɪt]
ton (bijv. regenton)	barrel	['bærəl]
ronde waterbak (de)	basin	['beɪsən]

tank (bijv. watertank-70-ltr)	tank	[tæŋk]
heupfles (de)	hip flask	[hɪp flɑːsk]
jerrycan (de)	jerrycan	['dʒerɪkæn]
tank (bijv. ketelwagen)	cistern	['sɪstən]

beker (de)	mug	[mʌg]
kopje (het)	cup	[kʌp]
schoteltje (het)	saucer	['sɔːsə(r)]
glas (het)	glass	[glɑːs]
wijnglas (het)	glass	[glɑːs]
steelpan (de)	saucepan	['sɔːspən]

| fles (de) | bottle | ['bɒtəl] |
| flessenhals (de) | neck | [nek] |

karaf (de)	carafe	[kə'ræf]
kruik (de)	pitcher	['pɪtʃə(r)]
vat (het)	vessel	['vesəl]
pot (de)	pot	[pɒt]
vaas (de)	vase	[veɪz]

flacon (de)	bottle	['bɒtəl]
flesje (het)	vial, small bottle	['vaɪəl], [smɔːl 'bɒtəl]
tube (bijv. ~ tandpasta)	tube	[tjuːb]

zak (bijv. ~ aardappelen)	sack	[sæk]
tasje (het)	bag	[bæg]
pakje (~ sigaretten, enz.)	pack	[pæk]

doos (de)	box	[bɒks]
kist (de)	box	[bɒks]
mand (de)	basket	['bɑːskɪt]

BELANGRIJKSTE WERKWOORDEN

13. De belangrijkste werkwoorden. Deel 1

aanbevelen (ww)	to recommend (vt)	[tə ˌrekə'mend]
aandringen (ww)	to insist (vi, vt)	[tə ɪn'sɪst]
aankomen (per auto, enz.)	to arrive (vi)	[tə ə'raɪv]
aanraken (ww)	to touch (vt)	[tə tʌtʃ]
adviseren (ww)	to advise (vt)	[tə əd'vaɪz]
afdalen (on.ww.)	to come down	[tə kʌm daʊn]
afslaan (naar rechts ~)	to turn (vi)	[tə tɜːn]
antwoorden (ww)	to answer (vi, vt)	[tə 'ɑːnsə(r)]
bang zijn (ww)	to be afraid	[tə bi ə'freɪd]
bedreigen (bijv. met een pistool)	to threaten (vt)	[tə 'θretən]
bedriegen (ww)	to deceive (vi, vt)	[tə dɪ'siːv]
beëindigen (ww)	to finish (vt)	[tə 'fɪnɪʃ]
beginnen (ww)	to begin (vt)	[tə bɪ'gɪn]
begrijpen (ww)	to understand (vt)	[tə ˌʌndə'stænd]
beheren (managen)	to run, to manage	[tə rʌn], [tə 'mænɪdʒ]
beledigen (met scheldwoorden)	to insult (vt)	[tə ɪn'sʌlt]
beloven (ww)	to promise (vt)	[tə 'prɒmɪs]
bereiden (koken)	to cook (vt)	[tə kʊk]
bespreken (spreken over)	to discuss (vt)	[tə dɪs'kʌs]
bestellen (eten ~)	to order (vt)	[tə 'ɔːdə(r)]
bestraffen (een stout kind ~)	to punish (vt)	[tə 'pʌnɪʃ]
betalen (ww)	to pay (vi, vt)	[tə peɪ]
betekenen (beduiden)	to mean (vt)	[tə miːn]
betreuren (ww)	to regret (vi)	[tə rɪ'gret]
bevallen (prettig vinden)	to like (vt)	[tə laɪk]
bevelen (mil.)	to order (vi, vt)	[tə 'ɔːdə(r)]
bevrijden (stad, enz.)	to liberate (vt)	[tə 'lɪbəreɪt]
bewaren (ww)	to keep (vt)	[tə kiːp]
bezitten (ww)	to own (vt)	[tə əʊn]
bidden (praten met God)	to pray (vi, vt)	[tə preɪ]
binnengaan (een kamer ~)	to enter (vt)	[tə 'entə(r)]
breken (ww)	to break (vt)	[tə breɪk]
controleren (ww)	to control (vt)	[tə kən'trəʊl]
creëren (ww)	to create (vt)	[tə kriː'eɪt]
deelnemen (ww)	to participate (vi)	[tə pɑː'tɪsɪpeɪt]
denken (ww)	to think (vi, vt)	[tə θɪŋk]
doden (ww)	to kill (vt)	[tə kɪl]

| doen (ww) | to do (vt) | [tə du:] |
| dorst hebben (ww) | to be thirsty | [tə bi 'θɜ:stɪ] |

14. De belangrijkste werkwoorden. Deel 2

een hint geven	to give a hint	[tə gɪv ə hɪnt]
eisen (met klem vragen)	to demand (vt)	[tə dɪ'mɑ:nd]
excuseren (vergeven)	to excuse (vt)	[tə ɪk'skju:z]
existeren (bestaan)	to exist (vi)	[tə ɪg'zɪst]
gaan (te voet)	to go (vi)	[tə gəʊ]

gaan zitten (ww)	to sit down (vi)	[tə sɪt daʊn]
gaan zwemmen	to go for a swim	[tə gəʊ fɔrə swɪm]
geven (ww)	to give (vt)	[tə gɪv]
glimlachen (ww)	to smile (vi)	[tə smaɪl]
goed raden (ww)	to guess (vt)	[tə ges]

grappen maken (ww)	to joke (vi)	[tə dʒəʊk]
graven (ww)	to dig (vt)	[tə dɪg]
hebben (ww)	to have (vt)	[tə hæv]
helpen (ww)	to help (vt)	[tə help]
herhalen (opnieuw zeggen)	to repeat (vt)	[tə rɪ'pi:t]
honger hebben (ww)	to be hungry	[tə bi 'hʌngrɪ]

hopen (ww)	to hope (vi, vt)	[tə həʊp]
horen	to hear (vt)	[tə hɪə(r)]
(waarnemen met het oor)		
huilen (wenen)	to cry (vi)	[tə kraɪ]
huren (huis, kamer)	to rent (vt)	[tə rent]
informeren (informatie geven)	to inform (vt)	[tə ɪn'fɔ:m]
instemmen (akkoord gaan)	to agree (vi)	[tə ə'gri:]
jagen (ww)	to hunt (vi, vt)	[tə hʌnt]
kennen (kennis hebben	to know (vt)	[tə nəʊ]
van iemand)		
kiezen (ww)	to choose (vt)	[tə tʃu:z]
klagen (ww)	to complain (vi, vt)	[tə kəm'pleɪn]

kosten (ww)	to cost (vt)	[tə kɒst]
kunnen (ww)	can (v aux)	[kæn]
lachen (ww)	to laugh (vi)	[tə lɑ:f]
laten vallen (ww)	to drop (vt)	[tə drɒp]
lezen (ww)	to read (vi, vt)	[tə ri:d]

liefhebben (ww)	to love (vt)	[tə lʌv]
lunchen (ww)	to have lunch	[tə hæv lʌntʃ]
nemen (ww)	to take (vt)	[tə teɪk]
nodig zijn (ww)	to be needed	[tə bi 'ni:dɪd]

15. De belangrijkste werkwoorden. Deel 3

| onderschatten (ww) | to underestimate (vt) | [tə ˌʌndə'restɪmeɪt] |
| ondertekenen (ww) | to sign (vt) | [tə saɪn] |

ontbijten (ww)	to have breakfast	[tə hæv 'brekfəst]
openen (ww)	to open (vt)	[tə 'əʊpən]
ophouden (ww)	to stop (vt)	[tə stɒp]
opmerken (zien)	to notice (vt)	[tə 'nəʊtɪs]

opscheppen (ww)	to boast (vi)	[tə bəʊst]
opschrijven (ww)	to write down	[tə ˌraɪt 'daʊn]
plannen (ww)	to plan (vt)	[tə plæn]
prefereren (verkiezen)	to prefer (vt)	[tə prɪ'fɜː(r)]
proberen (trachten)	to try (vt)	[tə traɪ]
redden (ww)	to save, to rescue	[tə seɪv], [tə 'reskjuː]

rekenen op ...	to count on ...	[tə kaʊnt ɒn]
rennen (ww)	to run (vi)	[tə rʌn]
reserveren (een hotelkamer ~)	to reserve, to book	[tə rɪ'zɜːv], [tə bʊk]
roepen (om hulp)	to call (vt)	[tə kɔːl]
schieten (ww)	to shoot (vi)	[tə ʃuːt]
schreeuwen (ww)	to shout (vi)	[tə ʃaʊt]

schrijven (ww)	to write (vt)	[tə raɪt]
souperen (ww)	to have dinner	[tə hæv 'dɪnə(r)]
spelen (kinderen)	to play (vi)	[tə pleɪ]
spreken (ww)	to speak (vi, vt)	[tə spiːk]
stelen (ww)	to steal (vt)	[tə stiːl]
stoppen (pauzeren)	to stop (vi)	[tə stɒp]

studeren (Nederlands ~)	to study (vt)	[tə 'stʌdɪ]
sturen (zenden)	to send (vt)	[tə send]
tellen (optellen)	to count (vt)	[tə kaʊnt]
toebehoren ...	to belong to ...	[tə bɪ'lɒŋ tuː]
toestaan (ww)	to permit (vt)	[tə pə'mɪt]
tonen (ww)	to show (vt)	[tə ʃəʊ]

twijfelen (onzeker zijn)	to doubt (vi)	[tə daʊt]
uitgaan (ww)	to go out	[tə gəʊ aʊt]
uitnodigen (ww)	to invite (vt)	[tə ɪn'vaɪt]
uitspreken (ww)	to pronounce (vt)	[tə prə'naʊns]
uitvaren tegen (ww)	to scold (vt)	[tə skəʊld]

16. De belangrijkste werkwoorden. Deel 4

vallen (ww)	to fall (vi)	[tə fɔːl]
vangen (ww)	to catch (vt)	[tə kætʃ]
veranderen (anders maken)	to change (vt)	[tə tʃeɪndʒ]
verbaasd zijn (ww)	to be surprised	[tə bi sə'praɪzd]
verbergen (ww)	to hide (vt)	[tə haɪd]

verdedigen (je land ~)	to defend (vt)	[tə dɪ'fend]
verenigen (ww)	to unite (vt)	[tə juː'naɪt]
vergelijken (ww)	to compare (vt)	[tə kəm'peə(r)]
vergeten (ww)	to forget (vi, vt)	[tə fə'get]
vergeven (ww)	to forgive (vt)	[tə fə'gɪv]
verklaren (uitleggen)	to explain (vt)	[tə ɪk'spleɪn]

verkopen (per stuk ~)	to sell (vt)	[tə sel]
vermelden (praten over)	to mention (vt)	[tə 'menʃən]
versieren (decoreren)	to decorate (vt)	[tə 'dekəreɪt]
vertalen (ww)	to translate (vt)	[tə træns'leɪt]
vertrouwen (ww)	to trust (vt)	[tə trʌst]
vervolgen (ww)	to continue (vt)	[tə kən'tɪnju:]
verwarren (met elkaar ~)	to confuse, to mix up (vt)	[tə kən'fju:z], [tə mɪks ʌp]
verzoeken (ww)	to ask (vt)	[tə ɑ:sk]
verzuimen (school, enz.)	to miss (vt)	[tə mɪs]
vinden (ww)	to find (vt)	[tə faɪnd]
vliegen (ww)	to fly (vi)	[tə flaɪ]
volgen (ww)	to follow ...	[tə 'fɒləʊ]
voorstellen (ww)	to propose (vt)	[tə prə'pəʊz]
voorzien (verwachten)	to expect (vt)	[tə ɪk'spekt]
vragen (ww)	to ask (vt)	[tə ɑ:sk]
waarnemen (ww)	to observe (vt)	[tə əb'zɜ:v]
waarschuwen (ww)	to warn (vt)	[tə wɔ:n]
wachten (ww)	to wait (vt)	[tə weɪt]
weerspreken (ww)	to object (vi, vt)	[tə əb'dʒekt]
weigeren (ww)	to refuse (vi, vt)	[tə rɪ'fju:z]
werken (ww)	to work (vi)	[tə wɜ:k]
weten (ww)	to know (vt)	[tə nəʊ]
willen (verlangen)	to want (vt)	[tə wɒnt]
zeggen (ww)	to say (vt)	[tə seɪ]
zich haasten (ww)	to hurry (vi)	[tə 'hʌrɪ]
zich interesseren voor ...	to be interested in ...	[tə bi 'ɪntrestɪd ɪn]
zich vergissen (ww)	to make a mistake	[tə meɪk ə mɪ'steɪk]
zien (ww)	to see (vt)	[tə si:]
zijn (ww)	to be (vi)	[tə bi:]
zoeken (ww)	to look for ...	[tə lʊk fɔ:(r)]
zwemmen (ww)	to swim (vi)	[tə swɪm]
zwijgen (ww)	to keep silent	[tə ki:p 'saɪlənt]

TIJD. KALENDER

17. Dagen van de week

maandag (de)	Monday	['mʌndɪ]
dinsdag (de)	Tuesday	['tjuːzdɪ]
woensdag (de)	Wednesday	['wenzdɪ]
donderdag (de)	Thursday	['θɜːzdɪ]
vrijdag (de)	Friday	['fraɪdɪ]
zaterdag (de)	Saturday	['sætədɪ]
zondag (de)	Sunday	['sʌndɪ]
vandaag (bw)	today	[tə'deɪ]
morgen (bw)	tomorrow	[tə'mɒrəʊ]
overmorgen (bw)	the day after tomorrow	[ðə deɪ 'ɑːftə tə'mɒrəʊ]
gisteren (bw)	yesterday	['jestədɪ]
eergisteren (bw)	the day before yesterday	[ðə deɪ bɪ'fɔː 'jestədɪ]
dag (de)	day	[deɪ]
werkdag (de)	working day	['wɜːkɪŋ deɪ]
feestdag (de)	public holiday	['pʌblɪk 'hɒlɪdeɪ]
verlofdag (de)	day off	[ˌdeɪ'ɒf]
weekend (het)	weekend	[ˌwiːk'end]
de hele dag (bw)	all day long	[ɔːl 'deɪ ˌlɒŋ]
de volgende dag (bw)	the next day	[ðə nekst deɪ]
twee dagen geleden	two days ago	[tu deɪz ə'gəʊ]
aan de vooravond (bw)	the day before	[ðə deɪ bɪ'fɔː(r)]
dag-, dagelijks (bn)	daily	['deɪlɪ]
elke dag (bw)	every day	[ˌevrɪ 'deɪ]
week (de)	week	[wiːk]
vorige week (bw)	last week	[ˌlɑːst 'wiːk]
volgende week (bw)	next week	[ˌnekst 'wiːk]
wekelijks (bn)	weekly	['wiːklɪ]
elke week (bw)	every week	[ˌevrɪ 'wiːk]
twee keer per week	twice a week	[ˌtwaɪs ə 'wiːk]
elke dinsdag	every Tuesday	['evrɪ 'tjuːzdɪ]

18. Uren. Dag en nacht

morgen (de)	morning	['mɔːnɪŋ]
's morgens (bw)	in the morning	[ɪn ðə 'mɔːnɪŋ]
middag (de)	noon, midday	[nuːn], ['mɪdeɪ]
's middags (bw)	in the afternoon	[ɪn ðə ˌɑːftə'nuːn]
avond (de)	evening	['iːvnɪŋ]
's avonds (bw)	in the evening	[ɪn ðɪ 'iːvnɪŋ]

nacht (de)	night	[naɪt]
's nachts (bw)	at night	[ət naɪt]
middernacht (de)	midnight	['mɪdnaɪt]
seconde (de)	second	['sekənd]
minuut (de)	minute	['mɪnɪt]
uur (het)	hour	['aʊə(r)]
halfuur (het)	half an hour	[ˌhɑːf ən 'aʊə(r)]
kwartier (het)	a quarter-hour	[ə 'kwɔːtər'aʊə(r)]
vijftien minuten	fifteen minutes	[fɪf'tiːn 'mɪnɪts]
etmaal (het)	twenty four hours	['twentɪ fɔːr'aʊəz]
zonsopgang (de)	sunrise	['sʌnraɪz]
dageraad (de)	dawn	[dɔːn]
vroege morgen (de)	early morning	['ɜːlɪ 'mɔːnɪŋ]
zonsondergang (de)	sunset	['sʌnset]
's morgens vroeg (bw)	early in the morning	['ɜːlɪ ɪn ðə 'mɔːnɪŋ]
vanmorgen (bw)	this morning	[ðɪs 'mɔːnɪŋ]
morgenochtend (bw)	tomorrow morning	[tə'mɒrəʊ 'mɔːnɪŋ]
vanmiddag (bw)	this afternoon	[ðɪs ˌɑːftə'nuːn]
's middags (bw)	in the afternoon	[ɪn ðə ˌɑːftə'nuːn]
morgenmiddag (bw)	tomorrow afternoon	[tə'mɒrəʊ ˌɑːftə'nuːn]
vanavond (bw)	tonight	[tə'naɪt]
morgenavond (bw)	tomorrow night	[tə'mɒrəʊ naɪt]
klokslag drie uur	at 3 o'clock sharp	[ət θriː ə'klɒk ʃɑːp]
ongeveer vier uur	about 4 o'clock	[ə'baʊt ˌfɔːrə'klɒk]
tegen twaalf uur	by 12 o'clock	[baɪ twelv ə'klɒk]
over twintig minuten	in 20 minutes	[ɪn 'twentɪ ˌmɪnɪts]
over een uur	in an hour	[ɪn ən 'aʊə(r)]
op tijd (bw)	on time	[ɒn 'taɪm]
kwart voor ...	a quarter of ...	[ə 'kwɔːtə ɒf]
binnen een uur	within an hour	[wɪ'ðɪn æn 'aʊə(r)]
elk kwartier	every 15 minutes	['evrɪ fɪf'tiːn 'mɪnɪts]
de klok rond	round the clock	['raʊnd ðə ˌklɒk]

19. Maanden. Seizoenen

januari (de)	January	['dʒænjʊərɪ]
februari (de)	February	['februərɪ]
maart (de)	March	[mɑːtʃ]
april (de)	April	['eɪprəl]
mei (de)	May	[meɪ]
juni (de)	June	[dʒuːn]
juli (de)	July	[dʒuː'laɪ]
augustus (de)	August	['ɔːgəst]
september (de)	September	[sep'tembə(r)]
oktober (de)	October	[ɒk'təʊbə(r)]

november (de)	November	[nəʊ'vembə(r)]
december (de)	December	[dɪ'sembə(r)]
lente (de)	spring	[sprɪŋ]
in de lente (bw)	in (the) spring	[ɪn (ðə) sprɪŋ]
lente- (abn)	spring	[sprɪŋ]
zomer (de)	summer	['sʌmə(r)]
in de zomer (bw)	in (the) summer	[ɪn (ðə) 'sʌmə(r)]
zomer-, zomers (bn)	summer	['sʌmə(r)]
herfst (de)	fall	[fɔːl]
in de herfst (bw)	in (the) fall	[ɪn (ðə) fɔːl]
herfst- (abn)	fall	[fɔːl]
winter (de)	winter	['wɪntə(r)]
in de winter (bw)	in (the) winter	[ɪn (ðə) 'wɪntə(r)]
winter- (abn)	winter	['wɪntə(r)]
maand (de)	month	[mʌnθ]
deze maand (bw)	this month	[ðɪs mʌnθ]
volgende maand (bw)	next month	[ˌnekst 'mʌnθ]
vorige maand (bw)	last month	[ˌlɑːst 'mʌnθ]
een maand geleden (bw)	a month ago	[əˌmʌnθ ə'gəʊ]
over een maand (bw)	in a month	[ɪn ə 'mʌnθ]
over twee maanden (bw)	in two months	[ɪn ˌtuː 'mʌnθs]
de hele maand (bw)	the whole month	[ðə ˌhəʊl 'mʌnθ]
een volle maand (bw)	all month long	[ɔːl 'mʌnθ ˌlɒŋ]
maand-, maandelijks (bn)	monthly	['mʌnθlɪ]
maandelijks (bw)	monthly	['mʌnθlɪ]
elke maand (bw)	every month	[ˌevrɪ 'mʌnθ]
twee keer per maand	twice a month	[ˌtwaɪs ə 'mʌnθ]
jaar (het)	year	[jɪə(r)]
dit jaar (bw)	this year	[ðɪs jɪə(r)]
volgend jaar (bw)	next year	[ˌnekst 'jɪə(r)]
vorig jaar (bw)	last year	[ˌlɑːst 'jɪə(r)]
een jaar geleden (bw)	a year ago	[ə jɪərə'gəʊ]
over een jaar	in a year	[ɪn ə 'jɪə(r)]
over twee jaar	in two years	[ɪn ˌtuː 'jɪəz]
het hele jaar	the whole year	[ðə ˌhəʊl 'jɪə(r)]
een vol jaar	all year long	[ɔːl 'jɪə ˌlɒŋ]
elk jaar	every year	[ˌevrɪ 'jɪə(r)]
jaar-, jaarlijks (bn)	annual	['ænjʊəl]
jaarlijks (bw)	annually	['ænjʊəlɪ]
4 keer per jaar	4 times a year	[fɔː taɪmz əjɪər]
datum (de)	date	[deɪt]
datum (de)	date	[deɪt]
kalender (de)	calendar	['kælɪndə(r)]
een half jaar	half a year	[ˌhɑːf ə 'jɪə(r)]
zes maanden	six months	[sɪks mʌnθs]
seizoen (bijv. lente, zomer)	season	['siːzən]

REIZEN. HOTEL

20. Trip. Reizen

toerisme (het)	tourism	['tʊərɪzəm]
toerist (de)	tourist	['tʊərɪst]
reis (de)	trip	[trɪp]
avontuur (het)	adventure	[əd'ventʃə(r)]
tocht (de)	trip, journey	[trɪp], ['dʒɜːnɪ]

vakantie (de)	vacation	[və'keɪʃən]
met vakantie zijn	to be on vacation	[tə bi ɒn və'keɪʃən]
rust (de)	rest	[rest]

trein (de)	train	[treɪn]
met de trein	by train	[baɪ treɪn]
vliegtuig (het)	airplane	['eəpleɪn]
met het vliegtuig	by airplane	[baɪ 'eəpleɪn]
met de auto	by car	[baɪ kɑː(r)]
per schip (bw)	by ship	[baɪ ʃɪp]

bagage (de)	luggage	['lʌgɪdʒ]
valies (de)	suitcase, luggage	['suːtkeɪs], ['lʌgɪdʒ]
bagagekarretje (het)	luggage cart	['lʌgɪdʒ kɑːt]

paspoort (het)	passport	['pɑːspɔːt]
visum (het)	visa	['viːzə]
kaartje (het)	ticket	['tɪkɪt]
vliegticket (het)	air ticket	['eə 'tɪkɪt]

reisgids (de)	guidebook	['gaɪdbʊk]
kaart (de)	map	[mæp]
gebied (landelijk ~)	area	['eərɪə]
plaats (de)	place, site	[pleɪs], [saɪt]

exotische bestemming (de)	exotic	[ɪg'zɒtɪk]
exotisch (bn)	exotic	[ɪg'zɒtɪk]
verwonderlijk (bn)	amazing	[ə'meɪzɪŋ]

groep (de)	group	[gruːp]
rondleiding (de)	excursion	[ɪk'skɜːʃən]
gids (de)	guide	[gaɪd]

21. Hotel

motel (het)	motel	[məʊ'tel]
3-sterren	three-star	[θriː stɑː(r)]
5-sterren	five-star	[ˌfaɪv 'stɑː(r)]

overnachten (ww)	to stay (vi)	[tə steɪ]
kamer (de)	room	[rʊ:m]
eenpersoonskamer (de)	single room	['sɪŋgəl ru:m]
tweepersoonskamer (de)	double room	['dʌbəl ru:m]
een kamer reserveren	to book a room	[tə bʊk ə ru:m]

| halfpension (het) | half board | [hɑ:f bɔ:d] |
| volpension (het) | full board | [fʊl bɔ:d] |

met badkamer	with bath	[wɪð bɑ:θ]
met douche	with shower	[wɪð 'ʃaʊə(r)]
satelliet-tv (de)	satellite television	['sætəlaɪt 'telɪ,vɪʒən]
airconditioner (de)	air-conditioner	[eə kən'dɪʃənə]
handdoek (de)	towel	['taʊəl]
sleutel (de)	key	[ki:]

administrateur (de)	administrator	[əd'mɪnɪstreɪtə(r)]
kamermeisje (het)	chambermaid	['tʃeɪmbə,meɪd]
piccolo (de)	porter, bellboy	['pɔ:tə(r)], ['belbɔɪ]
portier (de)	doorman	['dɔ:mən]

restaurant (het)	restaurant	['restrɒnt]
bar (de)	pub, bar	[pʌb], [bɑ:(r)]
ontbijt (het)	breakfast	['brekfəst]
avondeten (het)	dinner	['dɪnə(r)]
buffet (het)	buffet	[bə'feɪ]

lift (de)	elevator	['elɪveɪtə(r)]
NIET STOREN	DO NOT DISTURB	[du nɒt dɪ'stɜ:b]
VERBODEN TE ROKEN!	NO SMOKING	[nəʊ 'sməʊkɪŋ]

22. Bezienswaardigheden

monument (het)	monument	['mɒnjʊmənt]
vesting (de)	fortress	['fɔ:trɪs]
paleis (het)	palace	['pælɪs]
kasteel (het)	castle	['kɑ:səl]
toren (de)	tower	['taʊə(r)]
mausoleum (het)	mausoleum	[,mɔ:zə'lɪəm]

architectuur (de)	architecture	['ɑ:kɪtektʃə(r)]
middeleeuws (bn)	medieval	[,medɪ'i:vəl]
oud (bn)	ancient	['eɪnʃənt]
nationaal (bn)	national	['næʃənəl]
bekend (bn)	well-known	[wel'nəʊn]

toerist (de)	tourist	['tʊərɪst]
gids (de)	guide	[gaɪd]
rondleiding (de)	excursion	[ɪk'skɜ:ʃən]
tonen (ww)	to show (vt)	[tə ʃəʊ]
vertellen (ww)	to tell (vt)	[tə tel]

| vinden (ww) | to find (vt) | [tə faɪnd] |
| verdwalen (de weg kwijt zijn) | to get lost | [tə get lɒst] |

| plattegrond (~ van de metro) | map | [mæp] |
| plattegrond (~ van de stad) | map | [mæp] |

souvenir (het)	**souvenir, gift**	[ˌsuːvə'nɪə], [gɪft]
souvenirwinkel (de)	**gift shop**	['gɪftˌʃɒp]
een foto maken (ww)	**to take pictures**	[tə ˌteɪk 'pɪktʃəz]

VERVOER

23. Vliegveld

luchthaven (de)	airport	['eəpɔ:t]
vliegtuig (het)	airplane	['eəpleın]
luchtvaartmaatschappij (de)	airline	['eəlaın]
luchtverkeersleider (de)	air-traffic controller	['eə 'træfık kən'trəulə]
vertrek (het)	departure	[dı'pɑ:tʃə(r)]
aankomst (de)	arrival	[ə'raıvəl]
aankomen (per vliegtuig)	to arrive (vi)	[tə ə'raıv]
vertrektijd (de)	departure time	[dı'pɑ:tʃə ˌtaım]
aankomstuur (het)	arrival time	[ə'raıvəl taım]
vertraagd zijn (ww)	to be delayed	[tə bi dı'leıd]
vluchtvertraging (de)	flight delay	[flaıt dı'leı]
informatiebord (het)	information board	[ˌınfə'meıʃən bɔ:d]
informatie (de)	information	[ˌınfə'meıʃən]
aankondigen (ww)	to announce (vt)	[tə ə'nauns]
vlucht (bijv. KLM ~)	flight	[flaıt]
douane (de)	customs	['kʌstəmz]
douanier (de)	customs officer	['kʌstəmz 'ɒfısə(r)]
douaneaangifte (de)	customs declaration	['kʌstəmz ˌdeklə'reıʃən]
invullen (douaneaangifte ~)	to fill out (vt)	[tə fıl 'aut]
paspoortcontrole (de)	passport control	['pɑ:spɔ:t kən'trəul]
bagage (de)	luggage	['lʌgıdʒ]
handbagage (de)	hand luggage	['hænd ˌlʌgıdʒ]
Gevonden voorwerpen	LOST-AND-FOUND	[lɒst ənd faund]
bagagekarretje (het)	luggage cart	['lʌgıdʒ kɑ:t]
landing (de)	landing	['lændıŋ]
landingsbaan (de)	runway	['rʌnˌweı]
landen (ww)	to land (vi)	[tə lænd]
vliegtuigtrap (de)	airstairs	[eə'steəz]
inchecken (het)	check-in	['tʃek ın]
incheckbalie (de)	check-in desk	['tʃek ın desk]
inchecken (ww)	to check-in (vi)	[tə tʃek ın]
instapkaart (de)	boarding pass	['bɔ:dıŋ pɑ:s]
gate (de)	departure gate	[dı'pɑ:tʃə ˌgeıt]
transit (de)	transit	['trænsıt]
wachten (ww)	to wait (vt)	[tə weıt]
wachtzaal (de)	departure lounge	[dı'pɑ:tʃə laundʒ]

24. Vliegtuig

vliegtuig (het)	airplane	['eəpleɪn]
vliegticket (het)	air ticket	['eə 'tɪkɪt]
luchtvaartmaatschappij (de)	airline	['eəlaɪn]
luchthaven (de)	airport	['eəpɔ:t]
supersonisch (bn)	supersonic	[ˌsu:pə'sɒnɪk]

gezagvoerder (de)	captain	['kæptɪn]
bemanning (de)	crew	[kru:]
piloot (de)	pilot	['paɪlət]
stewardess (de)	flight attendant	[ˌflaɪt ə'tendənt]
stuurman (de)	navigator	['nævɪgeɪtə(r)]

vleugels (mv.)	wings	[wɪŋz]
staart (de)	tail	[teɪl]
cabine (de)	cockpit	['kɒkpɪt]
motor (de)	engine	['endʒɪn]
landingsgestel (het)	undercarriage	['ʌndəˌkærɪdʒ]
turbine (de)	turbine	['tɜ:baɪn]

propeller (de)	propeller	[prə'pelə(r)]
zwarte doos (de)	black box	[blæk bɒks]
stuur (het)	control column	[kən'trəʊl 'kɒləm]
brandstof (de)	fuel	[fjʊəl]

veiligheidskaart (de)	safety card	['seɪftɪ ka:d]
zuurstofmasker (het)	oxygen mask	['ɒksɪdʒən ma:sk]
uniform (het)	uniform	['junɪfɔ:m]
reddingsvest (de)	life vest	['laɪf vest]
parachute (de)	parachute	['pærəʃu:t]

opstijgen (het)	takeoff	[teɪkɒf]
opstijgen (ww)	to take off (vi)	[tə teɪk ɒf]
startbaan (de)	runway	['rʌnˌweɪ]

zicht (het)	visibility	[ˌvɪzɪ'bɪlɪtɪ]
vlucht (de)	flight	[flaɪt]
hoogte (de)	altitude	['æltɪtju:d]
luchtzak (de)	air pocket	[eə 'pɒkɪt]

plaats (de)	seat	[si:t]
koptelefoon (de)	headphones	['hedfəʊnz]
tafeltje (het)	folding tray	['fəʊldɪŋ treɪ]
venster (het)	window	['wɪndəʊ]
gangpad (het)	aisle	[aɪl]

25. Trein

trein (de)	train	[treɪn]
elektrische trein (de)	suburban train	[sə'bɜ:bən treɪn]
sneltrein (de)	express train	[ɪk'spres treɪn]
diesellocomotief (de)	diesel locomotive	['di:zəl ˌləʊkə'məʊtɪv]

locomotief (de)	steam engine	[sti:m 'endʒɪn]
rijtuig (het)	passenger car	['pæsɪndʒə kɑ:(r)]
restauratierijtuig (het)	dining car	['daɪnɪŋ kɑ:]
rails (mv.)	rails	[reɪlz]
spoorweg (de)	railroad	['reɪlrəʊd]
dwarsligger (de)	railway tie	['reɪlweɪ taɪ]
perron (het)	platform	['plætfɔ:m]
spoor (het)	track	[træk]
semafoor (de)	semaphore	['seməfɔ:(r)]
halte (bijv. kleine treinhalte)	station	['steɪʃən]
machinist (de)	engineer	[ˌendʒɪ'nɪə(r)]
kruier (de)	porter	['pɔ:tə(r)]
conducteur (de)	train steward	['treɪn 'stjʊəd]
passagier (de)	passenger	['pæsɪndʒə(r)]
controleur (de)	conductor	[kən'dʌktə(r)]
gang (in een trein)	corridor	['kɒrɪˌdɔ:(r)]
noodrem (de)	emergency break	[ɪ'mɜ:dʒənsɪ breɪk]
coupé (de)	compartment	[kəm'pɑ:tmənt]
bed (slaapplaats)	berth	[bɜ:θ]
bovenste bed (het)	upper berth	['ʌpə bɜ:θ]
onderste bed (het)	lower berth	['ləʊə 'bɜ:θ]
beddengoed (het)	bed linen	[bed 'lɪnɪn]
kaartje (het)	ticket	['tɪkɪt]
dienstregeling (de)	schedule	['skedʒʊl]
informatiebord (het)	information display	[ˌɪnfə'meɪʃən dɪ'spleɪ]
vertrekken (De trein vertrekt ...)	to leave, to depart	[tə li:v], [tə dɪ'pɑ:t]
vertrek (ov. een trein)	departure	[dɪ'pɑ:tʃə(r)]
aankomen (ov. de treinen)	to arrive (vi)	[tə ə'raɪv]
aankomst (de)	arrival	[ə'raɪvəl]
aankomen per trein	to arrive by train	[tə ə'raɪv baɪ treɪn]
in de trein stappen	to get on the train	[tə ˌget ɒn ðə 'treɪn]
uit de trein stappen	to get off the train	[tə ˌget ev ðə 'treɪn]
treinwrak (het)	train wreck	[treɪn rek]
ontspoord zijn	to be derailed	[tə bi dɪ'reɪld]
locomotief (de)	steam engine	[sti:m 'endʒɪn]
stoker (de)	stoker, fireman	['stəʊkə], ['faɪəmən]
stookplaats (de)	firebox	['faɪəbɒks]
steenkool (de)	coal	[kəʊl]

26. Schip

schip (het)	ship	[ʃɪp]
vaartuig (het)	vessel	['vesəl]

stoomboot (de)	steamship	['sti:mʃɪp]
motorschip (het)	riverboat	['rɪvəˌbəʊt]
lijnschip (het)	ocean liner	['əʊʃən 'laɪnə(r)]
kruiser (de)	cruiser	['kru:zə(r)]

jacht (het)	yacht	[jɒt]
sleepboot (de)	tugboat	['tʌgbəʊt]
duwbak (de)	barge	[bɑ:dʒ]
ferryboot (de)	ferry	['ferɪ]

zeilboot (de)	sailing ship	['seɪlɪŋ ʃɪp]
brigantijn (de)	brigantine	['brɪgənti:n]

IJsbreker (de)	ice breaker	['aɪsˌbreɪkə(r)]
duikboot (de)	submarine	[ˌsʌbmə'ri:n]

boot (de)	boat	[bəʊt]
sloep (de)	dinghy	['dɪŋgɪ]
reddingssloep (de)	lifeboat	['laɪfbəʊt]
motorboot (de)	motorboat	['məʊtəbəʊt]

kapitein (de)	captain	['kæptɪn]
zeeman (de)	seaman	['si:mən]
matroos (de)	sailor	['seɪlə(r)]
bemanning (de)	crew	[kru:]

bootsman (de)	boatswain	['bəʊsən]
scheepsjongen (de)	ship's boy	[ʃɪps bɔɪ]
kok (de)	cook	[kʊk]
scheepsarts (de)	ship's doctor	[ʃɪps 'dɒktə(r)]

dek (het)	deck	[dek]
mast (de)	mast	[mɑ:st]
zeil (het)	sail	[seɪl]

ruim (het)	hold	[həʊld]
voorsteven (de)	bow	[baʊ]
achtersteven (de)	stern	[stɜ:n]
roeispaan (de)	oar	[ɔ:(r)]
schroef (de)	propeller	[prə'pelə(r)]

kajuit (de)	cabin	['kæbɪn]
officierskamer (de)	wardroom	['wɔ:drʊm]
machinekamer (de)	engine room	['endʒɪn ˌru:m]
brug (de)	bridge	[brɪdʒ]
radiokamer (de)	radio room	['reɪdɪəʊ rʊm]
radiogolf (de)	wave	[weɪv]
logboek (het)	logbook	['lɒgbʊk]

verrekijker (de)	spyglass	['spaɪglɑ:s]
klok (de)	bell	[bel]
vlag (de)	flag	[flæg]

kabel (de)	rope	['rəʊp]
knoop (de)	knot	[nɒt]
trapleuning (de)	deckrail	['dekreɪl]

trap (de)	gangway	['gæŋweɪ]
anker (het)	anchor	['æŋkə(r)]
het anker lichten	to weigh anchor	[tə weɪ 'æŋkə(r)]
het anker neerlaten	to drop anchor	[tə drɒp 'æŋkə(r)]
ankerketting (de)	anchor chain	['æŋkə ˌtʃeɪn]

haven (bijv. containerhaven)	port	[pɔːt]
kaai (de)	berth, wharf	[bɜːθ], [wɔːf]
aanleggen (ww)	to berth, to moor	[tə bɜːθ], [tə mɔː(r)]
wegvaren (ww)	to cast off	[tə kɑːst ɒf]

reis (de)	trip	[trɪp]
cruise (de)	cruise	[kruːz]
koers (de)	course	[kɔːs]
route (de)	route	[raʊt]

vaarwater (het)	fairway	['feəweɪ]
zandbank (de)	shallows	['ʃæləʊz]
stranden (ww)	to run aground	[tə rʌn ə'graʊnd]

storm (de)	storm	[stɔːm]
signaal (het)	signal	['sɪɡnəl]
zinken (ov. een boot)	to sink (vi)	[tə sɪŋk]
Man overboord!	Man overboard!	[ˌmæn 'əʊvəbɔːd]
SOS (noodsignaal)	SOS	[ˌesəʊ'es]
reddingsboei (de)	ring buoy	[rɪŋ bɔɪ]

STAD

27. Stedelijk vervoer

bus, autobus (de)	bus	[bʌs]
tram (de)	streetcar	['striːtkɑː(r)]
trolleybus (de)	trolley	['trɒlɪ]
route (de)	route	[raʊt]
nummer (busnummer, enz.)	number	['nʌmbə(r)]
rijden met ...	to go by ...	[tə gəʊ baɪ]
stappen (in de bus ~)	to get on	[tə get ɒn]
afstappen (ww)	to get off ...	[tə get ɒf]
halte (de)	stop	[stɒp]
volgende halte (de)	next stop	[ˌnekst 'stɒp]
eindpunt (het)	terminus	['tɜːmɪnəs]
dienstregeling (de)	schedule	['skedʒʊl]
wachten (ww)	to wait (vt)	[tə weɪt]
kaartje (het)	ticket	['tɪkɪt]
reiskosten (de)	fare	[feə(r)]
kassier (de)	cashier	[kæ'ʃɪə(r)]
kaartcontrole (de)	ticket inspection	['tɪkɪt ɪn'spekʃən]
controleur (de)	conductor	[kən'dʌktə(r)]
te laat zijn (ww)	to be late	[tə bi 'leɪt]
zich haasten (ww)	to be in a hurry	[tə bi ɪn ə 'hʌrɪ]
taxi (de)	taxi, cab	['tæksɪ], [kæb]
taxichauffeur (de)	taxi driver	['tæksɪ 'draɪvə(r)]
met de taxi (bw)	by taxi	[baɪ 'tæksɪ]
taxistandplaats (de)	taxi stand	['tæksɪ stænd]
een taxi bestellen	to call a taxi	[tə kɔːl ə 'tæksɪ]
een taxi nemen	to take a taxi	[tə ˌteɪk ə 'tæksɪ]
verkeer (het)	traffic	['træfɪk]
file (de)	traffic jam	['træfɪk dʒæm]
spitsuur (het)	rush hour	['rʌʃ ˌaʊə(r)]
parkeren (on.ww.)	to park (vi)	[tə pɑːk]
parkeren (ov.ww.)	to park (vt)	[tə pɑːk]
parking (de)	parking lot	['pɑːkɪŋ lɒt]
metro (de)	subway	['sʌbweɪ]
halte (bijv. kleine treinhalte)	station	['steɪʃən]
de metro nemen	to take the subway	[tə ˌteɪk ðə 'sʌbweɪ]
trein (de)	train	[treɪn]
station (treinstation)	train station	[treɪn 'steɪʃən]

28. Stad. Het leven in de stad

stad (de)	city, town	['sɪtɪ], [taʊn]
hoofdstad (de)	capital	['kæpɪtəl]
dorp (het)	village	['vɪlɪdʒ]

plattegrond (de)	city map	['sɪtɪ ˌmæp]
centrum (ov. een stad)	downtown	['daʊn ˌtaʊn]
voorstad (de)	suburb	['sʌbɜːb]
voorstads- (abn)	suburban	[sə'bɜːbən]

randgemeente (de)	outskirts	['aʊtskɜːts]
omgeving (de)	environs	[ɪn'vaɪərənz]
blok (huizenblok)	city block	['sɪtɪ blɒk]
woonwijk (de)	residential block	[ˌrezɪ'denʃəl blɒk]

verkeer (het)	traffic	['træfɪk]
verkeerslicht (het)	traffic lights	['træfɪk laɪts]
openbaar vervoer (het)	public transportation	['pʌblɪk ˌtrænspɔː'teɪʃən]
kruispunt (het)	intersection	[ˌɪntə'sekʃən]

zebrapad (oversteekplaats)	crosswalk	['krɒswɔːk]
onderdoorgang (de)	pedestrian underpass	[pɪ'destrɪən 'ʌndəpɑːs]
oversteken (de straat ~)	to cross (vt)	[tə krɒs]
voetganger (de)	pedestrian	[pɪ'destrɪən]
trottoir (het)	sidewalk	['saɪdwɔːk]

| brug (de) | bridge | [brɪdʒ] |
| dijk (de) | embankment | [ɪm'bæŋkmənt] |

allee (de)	allée	[ale]
park (het)	park	[pɑːk]
boulevard (de)	boulevard	['buːləvɑːd]
plein (het)	square	[skweə(r)]
laan (de)	avenue	['ævənjuː]
straat (de)	street	[striːt]
zijstraat (de)	side street	[saɪd striːt]
doodlopende straat (de)	dead end	[ˌded 'end]

huis (het)	house	[haʊs]
gebouw (het)	building	['bɪldɪŋ]
wolkenkrabber (de)	skyscraper	['skaɪ ˌskreɪpə(r)]

gevel (de)	facade	[fə'sɑːd]
dak (het)	roof	[ruːf]
venster (het)	window	['wɪndəʊ]
boog (de)	arch	[ɑːtʃ]
pilaar (de)	column	['kɒləm]
hoek (ov. een gebouw)	corner	['kɔːnə(r)]

vitrine (de)	store window	['stɔː ˌwɪndəʊ]
gevelreclame (de)	store sign	[stɔː saɪn]
affiche (de/het)	poster	['pəʊstə(r)]
reclameposter (de)	advertising poster	['ædvətaɪzɪŋ 'pəʊstə(r)]
aanplakbord (het)	billboard	['bɪlbɔːd]

vuilnis (de/het)	garbage, trash	['gɑːbɪdʒ], [træʃ]
vuilnisbak (de)	garbage can	['gɑːbɪdʒ kæn]
afval weggooien (ww)	to litter (vi)	[tə 'lɪtə(r)]
stortplaats (de)	garbage dump	['gɑːbɪdʒ dʌmp]
telefooncel (de)	phone booth	['fəʊn ˌbuːð]
straatlicht (het)	street light	['striːt laɪt]
bank (de)	bench	[bentʃ]
politieagent (de)	police officer	[pə'liːs'ɒfɪsə(r)]
politie (de)	police	[pə'liːs]
zwerver (de)	beggar	['begə(r)]
dakloze (de)	homeless	['həʊmlɪs]

29. Stedelijke instellingen

winkel (de)	store	[stɔː(r)]
apotheek (de)	drugstore, pharmacy	['drʌgstɔː(r)], ['fɑːməsɪ]
optiek (de)	optical store	['ɒptɪkəl stɔː(r)]
winkelcentrum (het)	shopping mall	['ʃɒpɪŋ mɔːl]
supermarkt (de)	supermarket	['suːpəˌmɑːkɪt]
bakkerij (de)	bakery	['beɪkərɪ]
bakker (de)	baker	['beɪkə(r)]
banketbakkerij (de)	candy store	['kændɪ stɔː(r)]
kruidenier (de)	grocery store	['grəʊsərɪ stɔː(r)]
slagerij (de)	butcher shop	['bʊtʃəzʃɒp]
groentewinkel (de)	produce store	['prɒdjuːs stɔː]
markt (de)	market	['mɑːkɪt]
koffiehuis (het)	coffee house	['kɒfɪ ˌhaʊs]
restaurant (het)	restaurant	['restrɒnt]
bar (de)	pub	[pʌb]
pizzeria (de)	pizzeria	[ˌpiːtsə'rɪə]
kapperssalon (de/het)	hair salon	['heə 'sælɒn]
postkantoor (het)	post office	[pəʊst 'ɒfɪs]
stomerij (de)	dry cleaners	[ˌdraɪ 'kliːnəz]
fotostudio (de)	photo studio	['fəʊtəʊ 'stjuːdɪəʊ]
schoenwinkel (de)	shoe store	['ʃuː stɔː(r)]
boekhandel (de)	bookstore	['bʊkstɔː(r)]
sportwinkel (de)	sporting goods store	['spɔːtɪŋ gʊdz stɔː(r)]
kledingreparatie (de)	clothes repair	[kləʊðz rɪ'peə(r)]
kledingverhuur (de)	formal wear rental	['fɔːməl weə 'rentəl]
videotheek (de)	movie rental store	['muːvɪ 'rentəl stɔː]
circus (de/het)	circus	['sɜːkəs]
dierentuin (de)	zoo	[zuː]
bioscoop (de)	movie theater	['muːvɪ 'θɪətə(r)]
museum (het)	museum	[mjuː'ziːəm]
bibliotheek (de)	library	['laɪbrərɪ]

theater (het)	theater	['θɪətə(r)]
opera (de)	opera	['ɒpərə]
nachtclub (de)	nightclub	[naɪt klʌb]
casino (het)	casino	[kə'siːnəʊ]

moskee (de)	mosque	[mɒsk]
synagoge (de)	synagogue	['sɪnəgɒg]
kathedraal (de)	cathedral	[kə'θiːdrəl]
tempel (de)	temple	['tempəl]
kerk (de)	church	[tʃɜːtʃ]

instituut (het)	college	['kɒlɪdʒ]
universiteit (de)	university	[ˌjuːnɪ'vɜːsətɪ]
school (de)	school	[skuːl]

gemeentehuis (het)	prefecture	['priːfekˌtjʊə(r)]
stadhuis (het)	city hall	['sɪtɪ ˌhɔːl]
hotel (het)	hotel	[həʊ'tel]
bank (de)	bank	[bæŋk]

ambassade (de)	embassy	['embəsɪ]
reisbureau (het)	travel agency	['trævəl 'eɪdʒənsɪ]
informatieloket (het)	information office	[ˌɪnfə'meɪʃən 'ɒfɪs]
wisselkantoor (het)	money exchange	['mʌnɪ ɪks'tʃeɪndʒ]

| metro (de) | subway | ['sʌbweɪ] |
| ziekenhuis (het) | hospital | ['hɒspɪtəl] |

| benzinestation (het) | gas station | [gæs 'steɪʃən] |
| parking (de) | parking lot | ['pɑːkɪŋ lɒt] |

30. Borden

gevelreclame (de)	store sign	[stɔː saɪn]
opschrift (het)	notice	['nəʊtɪs]
poster (de)	poster	['pəʊstə(r)]
wegwijzer (de)	direction sign	[dɪ'rekʃən saɪn]
pijl (de)	arrow	['ærəʊ]

| waarschuwingsbord (het) | warning sign | ['wɔːnɪŋ saɪn] |
| waarschuwen (ww) | to warn (vt) | [tə wɔːn] |

vrije dag (de)	day off	[ˌdeɪ'ɒf]
dienstregeling (de)	timetable	['taɪmˌteɪbəl]
openingsuren (mv.)	opening hours	['əʊpənɪŋ ˌaʊəz]

WELKOM!	WELCOME!	['welkəm]
INGANG	ENTRANCE	['entrəns]
UITGANG	EXIT	['eksɪt]

DUWEN	PUSH	[pʊʃ]
TREKKEN	PULL	[pʊl]
OPEN	OPEN	['əʊpən]
GESLOTEN	CLOSED	[kləʊzd]

| DAMES | WOMEN | ['wimin] |
| HEREN | MEN | ['men] |

KORTING	DISCOUNTS	['diskaunts]
UITVERKOOP	SALE	[seil]
NIEUW!	NEW!	[nju:]
GRATIS	FREE	[fri:]

PAS OP!	ATTENTION!	[ə'tenʃən]
VOLGEBOEKT	NO VACANCIES	[nəu 'veikənsiz]
GERESERVEERD	RESERVED	[ri'zɜ:vd]

| ADMINISTRATIE | ADMINISTRATION | [əd,mini'streiʃən] |
| ALLEEN VOOR PERSONEEL | STAFF ONLY | [stɑːf 'əunli] |

GEVAARLIJKE HOND	BEWARE OF THE DOG!	[bi'weə əv ðə ,dɒg]
VERBODEN TE ROKEN!	NO SMOKING	[nəu 'sməukiŋ]
NIET AANRAKEN!	DO NOT TOUCH!	[də nɒt 'tʌtʃ]

GEVAARLIJK	DANGEROUS	['deindʒərəs]
GEVAAR	DANGER	['deindʒə(r)]
HOOGSPANNING	HIGH TENSION	[hai 'tenʃən]
VERBODEN TE ZWEMMEN	NO SWIMMING!	[nəu 'swimiŋ]
BUITEN GEBRUIK	OUT OF ORDER	[,aut əv 'ɔːdə(r)]

ONTVLAMBAAR	FLAMMABLE	['flæməbəl]
VERBODEN	FORBIDDEN	[fə'bidən]
DOORGANG VERBODEN	NO TRESPASSING!	[nəu 'trespəsiŋ]
OPGELET PAS GEVERFD	WET PAINT	[wet peint]

31. Winkelen

kopen (ww)	to buy (vt)	[tə bai]
aankoop (de)	purchase	['pɜːtʃəs]
winkelen (ww)	to go shopping	[tə gəu 'ʃɒpiŋ]
winkelen (het)	shopping	['ʃɒpiŋ]

| open zijn (ov. een winkel, enz.) | to be open | [tə bi 'əupən] |
| gesloten zijn (ww) | to be closed | [tə bi kləuzd] |

schoeisel (het)	footwear	['futweə(r)]
kleren (mv.)	clothes, clothing	[kləuðz], ['kləuðiŋ]
cosmetica (de)	cosmetics	[kɒz'metiks]
voedingswaren (mv.)	food products	[fuːd 'prɒdʌkts]
geschenk (het)	gift, present	[gift], ['prezənt]

| verkoper (de) | salesman | ['seilzmən] |
| verkoopster (de) | saleswoman | ['seilz,wumən] |

kassa (de)	check out, cash desk	[tʃek aut], [kæʃ desk]
spiegel (de)	mirror	['mirə(r)]
toonbank (de)	counter	['kauntə(r)]

paskamer (de)	**fitting room**	['fɪtɪŋ ˌrum]
aanpassen (ww)	**to try on** (vt)	[tə ˌtraɪ 'ɒn]
passen (ov. kleren)	**to fit** (vt)	[tə fɪt]
bevallen (prettig vinden)	**to like** (vt)	[tə laɪk]
prijs (de)	**price**	[praɪs]
prijskaartje (het)	**price tag**	['praɪs tæg]
kosten (ww)	**to cost** (vt)	[tə kɒst]
Hoeveel?	**How much?**	[ˌhaʊ 'mʌtʃ]
korting (de)	**discount**	['dɪskaʊnt]
niet duur (bn)	**inexpensive**	[ˌɪnɪk'spensɪv]
goedkoop (bn)	**cheap**	[tʃiːp]
duur (bn)	**expensive**	[ɪk'spensɪv]
Dat is duur.	**It's expensive**	[ɪts ɪk'spensɪv]
verhuur (de)	**rental**	['rentəl]
huren (smoking, enz.)	**to rent** (vt)	[tə rent]
krediet (het)	**credit**	['kredɪt]
op krediet (bw)	**on credit**	[ɒn 'kredɪt]

KLEDING EN ACCESSOIRES

32. Bovenkleding. Jassen

kleren (mv.), kleding (de)	clothes	[kləʊõz]
bovenkleding (de)	outer clothes	['aʊtə kləʊõz]
winterkleding (de)	winter clothes	['wɪntə kləʊõz]
jas (de)	overcoat	['əʊvəkəʊt]
bontjas (de)	fur coat	['fɜː‚kəʊt]
bontjasje (het)	fur jacket	['fɜː 'dʒækɪt]
donzen jas (de)	down coat	['daʊn ‚kəʊt]
jasje (bijv. een leren ~)	jacket	['dʒækɪt]
regenjas (de)	raincoat	['reɪnkəʊt]
waterdicht (bn)	waterproof	['wɔːtəpruːf]

33. Heren & dames kleding

overhemd (het)	shirt	[ʃɜːt]
broek (de)	pants	[pænts]
jeans (de)	jeans	[dʒiːnz]
colbert (de)	jacket	['dʒækɪt]
kostuum (het)	suit	[suːt]
jurk (de)	dress	[dres]
rok (de)	skirt	[skɜːt]
blouse (de)	blouse	[blaʊz]
wollen vest (de)	knitted jacket	['nɪtɪd 'dʒækɪt]
blazer (kort jasje)	jacket	['dʒækɪt]
T-shirt (het)	T-shirt	['tiː ʃɜːt]
shorts (mv.)	shorts	[ʃɔːts]
trainingspak (het)	tracksuit	['træksuːt]
badjas (de)	bathrobe	['bɑːθrəʊb]
pyjama (de)	pajamas	[pəˈdʒɑːməz]
sweater (de)	sweater	['swetə(r)]
pullover (de)	pullover	['pʊl‚əʊvə(r)]
gilet (het)	vest	[vest]
rokkostuum (het)	tailcoat	[‚teɪl'kəʊt]
smoking (de)	tuxedo	[tʌk'siːdəʊ]
uniform (het)	uniform	['juːnɪfɔːm]
werkkleding (de)	workwear	[wɜːkweə(r)]
overall (de)	overalls	['əʊvərɔːlz]
doktersjas (de)	coat	[kəʊt]

34. Kleding. Ondergoed

ondergoed (het)	underwear	['ʌndəweə(r)]
onderhemd (het)	undershirt	['ʌndəʃɜːt]
sokken (mv.)	socks	[sɒks]

nachthemd (het)	nightgown	['naɪtgaʊn]
beha (de)	bra	[brɑː]
kniekousen (mv.)	knee highs	['niː ˌhaɪs]
panty (de)	pantyhose	['pæntɪhəʊz]
nylonkousen (mv.)	stockings	['stɒkɪŋz]
badpak (het)	bathing suit	['beɪðɪŋ suːt]

35. Hoofddeksels

hoed (de)	hat	[hæt]
deukhoed (de)	fedora	[fɪ'dɔːrə]
honkbalpet (de)	baseball cap	['beɪsbɔːl kæp]
kleppet (de)	flatcap	[flæt kæp]

baret (de)	beret	['bereɪ]
kap (de)	hood	[hʊd]
panamahoed (de)	panama	['pænəmɑː]
gebreide muts (de)	knitted hat	['nɪtɪdˌhæt]

hoofddoek (de)	headscarf	['hedskɑːf]
dameshoed (de)	women's hat	['wɪmɪns hæt]

veiligheidshelm (de)	hard hat	[hɑːd hæt]
veldmuts (de)	garrison cap	['gærɪsən kæp]
helm, valhelm (de)	helmet	['helmɪt]

bolhoed (de)	derby	['dɜːbɪ]
hoge hoed (de)	top hat	[tɒp hæt]

36. Schoeisel

schoeisel (het)	footwear	['fʊtweə(r)]
schoenen (mv.)	ankle boots	['æŋkəl buːts]
vrouwenschoenen (mv.)	shoes	[ʃuːz]
laarzen (mv.)	boots	[buːts]
pantoffels (mv.)	slippers	['slɪpəz]

sportschoenen (mv.)	tennis shoes	['tenɪsʃuːz]
sneakers (mv.)	sneakers	['sniːkəz]
sandalen (mv.)	sandals	['sændəlz]

schoenlapper (de)	cobbler	['kɒblə(r)]
hiel (de)	heel	[hiːl]
paar (een ~ schoenen)	pair	[peə(r)]
veter (de)	shoestring	['ʃuːstrɪŋ]

rijgen (schoenen ~)	to lace (vt)	[tə leɪs]
schoenlepel (de)	shoehorn	[ˈʃuːhɔːn]
schoensmeer (de/het)	shoe polish	[ʃuː ˈpɒlɪʃ]

37. Persoonlijke accessoires

handschoenen (mv.)	gloves	[glʌvz]
wanten (mv.)	mittens	[ˈmɪtənz]
sjaal (fleece ~)	scarf	[skɑːf]

bril (de)	glasses	[glɑːsɪz]
brilmontuur (het)	frame	[freɪm]
paraplu (de)	umbrella	[ʌmˈbrelə]
wandelstok (de)	walking stick	[ˈwɔːkɪŋ stɪk]
haarborstel (de)	hairbrush	[ˈheəbrʌʃ]
waaier (de)	fan	[fæn]

das (de)	necktie	[ˈnektaɪ]
strikje (het)	bow tie	[bəʊ taɪ]
bretels (mv.)	suspenders	[səˈspendəz]
zakdoek (de)	handkerchief	[ˈhæŋkətʃɪf]

kam (de)	comb	[kəʊm]
haarspeldje (het)	barrette	[bəˈret]
schuifspeldje (het)	hairpin	[ˈheəpɪn]
gesp (de)	buckle	[ˈbʌkəl]

| broekriem (de) | belt | [belt] |
| draagriem (de) | shoulder strap | [ˈʃəʊldə stræp] |

handtas (de)	bag	[bæg]
damestas (de)	purse	[pɜːs]
rugzak (de)	backpack	[ˈbækpæk]

38. Kleding. Diversen

mode (de)	fashion	[ˈfæʃən]
de mode (bn)	in vogue	[ɪn vəʊg]
kledingstilist (de)	fashion designer	[ˈfæʃən dɪˈzaɪnə(r)]

kraag (de)	collar	[ˈkɒlə(r)]
zak (de)	pocket	[ˈpɒkɪt]
zak- (abn)	pocket	[ˈpɒkɪt]
mouw (de)	sleeve	[sliːv]
lusje (het)	hanging loop	[ˈhæŋɪŋ luːp]
gulp (de)	fly	[flaɪ]

rits (de)	zipper	[ˈzɪpə(r)]
sluiting (de)	fastener	[ˈfɑːsənə(r)]
knoop (de)	button	[ˈbʌtən]
knoopsgat (het)	buttonhole	[ˈbʌtənhəʊl]
losraken (bijv. knopen)	to come off	[tə kʌm ɒf]

naaien (kleren, enz.)	to sew (vi, vt)	[tə səʊ]
borduren (ww)	to embroider (vi, vt)	[tə ɪm'brɔɪdə(r)]
borduursel (het)	embroidery	[ɪm'brɔɪdərɪ]
naald (de)	sewing needle	['səʊɪŋ 'niːdəl]
draad (de)	thread	[θred]
naad (de)	seam	[siːm]

vies worden (ww)	to get dirty (vi)	[tə get 'dɜːtɪ]
vlek (de)	stain	[steɪn]
gekreukt raken (ov. kleren)	to crease, crumple (vi)	[tə kriːs], ['krʌmpəl]
scheuren (ov.ww.)	to tear, to rip (vt)	[tə teər], [tə rɪp]
mot (de)	clothes moth	[kləʊðz mɒθ]

39. Persoonlijke verzorging. Schoonheidsmiddelen

tandpasta (de)	toothpaste	['tuːθpeɪst]
tandenborstel (de)	toothbrush	['tuːθbrʌʃ]
tanden poetsen (ww)	to brush one's teeth	[tə brʌʃ wʌns 'tiːθ]

scheermes (het)	razor	['reɪzə(r)]
scheerschuim (het)	shaving cream	['ʃeɪvɪŋ ˌkriːm]
zich scheren (ww)	to shave (vi)	[tə ʃeɪv]

| zeep (de) | soap | [səʊp] |
| shampoo (de) | shampoo | [ʃæm'puː] |

schaar (de)	scissors	['sɪzəz]
nagelvijl (de)	nail file	['neɪl ˌfaɪl]
nagelknipper (de)	nail clippers	[neɪl 'klɪpəz]
pincet (het)	tweezers	['twiːzəz]

cosmetica (de)	cosmetics	[kɒz'metɪks]
masker (het)	face mask	[feɪs mɑːsk]
manicure (de)	manicure	['mænɪˌkjʊə(r)]
manicure doen	to have a manicure	[tə hævə 'mænɪˌkjʊə]
pedicure (de)	pedicure	['pedɪˌkjʊə(r)]

cosmetica tasje (het)	make-up bag	['meɪk ʌp ˌbæg]
poeder (de/het)	face powder	[feɪs 'paʊdə(r)]
poederdoos (de)	powder compact	['paʊdə 'kɒmpækt]
rouge (de)	blusher	['blʌʃə(r)]

parfum (de/het)	perfume	['pɜːfjuːm]
eau de toilet (de)	toilet water	['tɔɪlɪt 'wɔːtə(r)]
lotion (de)	lotion	['ləʊʃən]
eau de cologne (de)	cologne	[kə'ləʊn]

oogschaduw (de)	eyeshadow	['aɪʃædəʊ]
oogpotlood (het)	eyeliner	['aɪˌlaɪnə(r)]
mascara (de)	mascara	[mæs'kɑːrə]

lippenstift (de)	lipstick	['lɪpstɪk]
nagellak (de)	nail polish	['neɪl ˌpɒlɪʃ]
haarlak (de)	hair spray	['heəspreɪ]

deodorant (de)	deodorant	[di:'ɵudərənt]
crème (de)	cream	[kri:m]
gezichtscrème (de)	face cream	['feɪs ˌkri:m]
handcrème (de)	hand cream	['hænd͵kri:m]
antirimpelcrème (de)	anti-wrinkle cream	['æntɪ 'rɪŋkəl kri:m]
dagcrème (de)	day cream	['deɪ ˌkri:m]
nachtcrème (de)	night cream	['naɪt ˌkri:m]
tampon (de)	tampon	['tæmpɒn]
toiletpapier (het)	toilet paper	['tɔɪlɪt 'peɪpə(r)]
föhn (de)	hair dryer	['heə͵draɪə(r)]

40. Horloges. Klokken

polshorloge (het)	watch	[wɒtʃ]
wijzerplaat (de)	dial	['daɪəl]
wijzer (de)	hand	[hænd]
metalen horlogeband (de)	bracelet	['breɪslɪt]
horlogebandje (het)	watch strap	[wɒtʃ stræp]
batterij (de)	battery	['bætərɪ]
leeg zijn (ww)	to be dead	[tə bi ded]
batterij vervangen	to change a battery	[tə tʃeɪndʒ ə 'bætərɪ]
voorlopen (ww)	to run fast	[tə rʌn fɑ:st]
achterlopen (ww)	to run slow	[tə rʌn sləʊ]
wandklok (de)	wall clock	['wɔ:l ˌklɒk]
zandloper (de)	hourglass	['aʊəglɑ:s]
zonnewijzer (de)	sundial	['sʌndaɪəl]
wekker (de)	alarm clock	[ə'lɑ:m klɒk]
horlogemaker (de)	watchmaker	['wɒtʃ͵meɪkə(r)]
repareren (ww)	to repair (vt)	[tə rɪ'peə(r)]

ALLEDAAGSE ERVARING

41. Geld

geld (het)	money	['mʌnɪ]
ruil (de)	currency exchange	['kʌrənsɪ ɪks'tʃeɪndʒ]
koers (de)	exchange rate	[ɪks'tʃeɪndʒ reɪt]
geldautomaat (de)	ATM	[ˌeɪti:'em]
muntstuk (de)	coin	[kɔɪn]

| dollar (de) | dollar | ['dɒlə(r)] |
| euro (de) | euro | ['jʊərəʊ] |

lire (de)	lira	['lɪərə]
Duitse mark (de)	Deutschmark	['dɔɪtʃmɑːk]
frank (de)	franc	[fræŋk]
pond sterling (het)	pound sterling	[paʊnd 'stɜːlɪŋ]
yen (de)	yen	[jen]

schuld (geldbedrag)	debt	[det]
schuldenaar (de)	debtor	['detə(r)]
uitlenen (ww)	to lend (vt)	[tə lend]
lenen (geld ~)	to borrow (vt)	[tə 'bɒrəʊ]

bank (de)	bank	[bæŋk]
bankrekening (de)	account	[ə'kaʊnt]
storten (ww)	to deposit (vt)	[tə dɪ'pɒzɪt]

kredietkaart (de)	credit card	['kredɪt kɑːd]
baar geld (het)	cash	[kæʃ]
cheque (de)	check	[tʃek]
een cheque uitschrijven	to write a check	[tə ˌraɪt ə 'tʃek]
chequeboekje (het)	checkbook	['tʃek͵bʊk]

portefeuille (de)	wallet	['wɒlɪt]
geldbeugel (de)	change purse	[tʃeɪndʒ pɜːs]
safe (de)	safe	[seɪf]

erfgenaam (de)	heir	[eə(r)]
erfenis (de)	inheritance	[ɪn'herɪtəns]
fortuin (het)	fortune	['fɔːtʃuːn]

huur (de)	lease, rent	[liːs], [rent]
huurprijs (de)	rent	[rent]
huren (huis, kamer)	to rent (vt)	[tə rent]

prijs (de)	price	[praɪs]
kostprijs (de)	cost	[kɒst]
som (de)	sum	[sʌm]
kosten (mv.)	expenses	[ɪk'spensɪz]

bezuinigen (ww)	to economize (vi, vt)	[tə ɪ'kɒnəmaɪz]
zuinig (bn)	economical	[ˌiːkə'nɒmɪkəl]
betalen (ww)	to pay (vi, vt)	[tə peɪ]
betaling (de)	payment	['peɪmənt]
wisselgeld (het)	change	[tʃeɪndʒ]
belasting (de)	tax	[tæks]
boete (de)	fine	[faɪn]
beboeten (bekeuren)	to fine (vt)	[tə faɪn]

42. Post. Postkantoor

postkantoor (het)	post office	[pəʊst 'ɒfɪs]
post (de)	mail	[meɪl]
postbode (de)	mailman	['meɪlmən]
openingsuren (mv.)	opening hours	['əʊpənɪŋ ˌaʊəz]
brief (de)	letter	['letə(r)]
aangetekende brief (de)	registered letter	['redʒɪstəd 'letə(r)]
briefkaart (de)	postcard	['pəʊstkɑːd]
telegram (het)	telegram	['telɪgræm]
postpakket (het)	parcel	['pɑːsəl]
overschrijving (de)	money transfer	['mʌnɪ træns'fɜː(r)]
ontvangen (ww)	to receive (vt)	[tə rɪ'siːv]
sturen (zenden)	to send (vt)	[tə send]
verzending (de)	sending	['sendɪŋ]
adres (het)	address	[ə'dres]
postcode (de)	ZIP code	['zɪp ˌkəʊd]
verzender (de)	sender	['sendə(r)]
ontvanger (de)	receiver	[rɪ'siːvə(r)]
naam (de)	name	[neɪm]
achternaam (de)	family name	['fæmlɪ ˌneɪm]
tarief (het)	rate	[reɪt]
standaard (bn)	standard	['stændəd]
zuinig (bn)	economical	[ˌiːkə'nɒmɪkəl]
gewicht (het)	weight	[weɪt]
afwegen (op de weegschaal)	to weigh up (vt)	[tə weɪt 'ʌp]
envelop (de)	envelope	['envələʊp]
postzegel (de)	postage stamp	['pəʊstɪdʒ ˌstæmp]
een postzegel plakken op	to stamp an envelope	[tə stæmp ən 'envələʊp]

43. Bankieren

bank (de)	bank	[bæŋk]
bankfiliaal (het)	branch	[brɑːntʃ]
bankbediende (de)	clerk, consultant	[klɜːk], [kən'sʌltənt]

manager (de)	manager	['mænɪdʒə(r)]
bankrekening (de)	banking account	[bæŋkɪŋ ə'kaʊnt]
rekeningnummer (het)	account number	[ə'kaʊnt 'nʌmbə(r)]
lopende rekening (de)	checking account	['tʃekɪŋ ə'kaʊnt]
spaarrekening (de)	savings account	['seɪvɪŋz ə'kaʊnt]

een rekening openen	to open an account	[tu 'əʊpən ən ə'kaʊnt]
de rekening sluiten	to close the account	[tə kləʊz ðɪ ə'kaʊnt]

storting (de)	deposit	[dɪ'pɒzɪt]
een storting maken	to make a deposit	[tə meɪk ə dɪ'pɒzɪt]
overschrijving (de)	wire transfer	['waɪə 'trænsfɜ:(r)]
een overschrijving maken	to wire, to transfer	[tə 'waɪə], [tə træns'fɜ:]

som (de)	sum	[sʌm]
Hoeveel?	How much?	[ˌhaʊ 'mʌtʃ]

handtekening (de)	signature	['sɪgnətʃə(r)]
ondertekenen (ww)	to sign (vt)	[tə saɪn]

kredietkaart (de)	credit card	['kredɪt kɑ:d]
code (de)	code	[kəʊd]
kredietkaartnummer (het)	credit card number	['kredɪt kɑ:d 'nʌmbə(r)]
geldautomaat (de)	ATM	[ˌeɪti:'em]

cheque (de)	check	[tʃek]
een cheque uitschrijven	to write a check	[tə ˌraɪt ə 'tʃek]
chequeboekje (het)	checkbook	['tʃek,bʊk]

lening, krediet (de)	loan	[ləʊn]
een lening aanvragen	to apply for a loan	[tə ə'plaɪ fɔ:rə ləʊn]
een lening nemen	to get a loan	[tə get ə ləʊn]
een lening verlenen	to give a loan	[tə gɪv ə ləʊn]
garantie (de)	guarantee	[ˌgærən'ti:]

44. Telefoon. Telefoongesprek

telefoon (de)	telephone	['telɪfəʊn]
mobieltje (het)	mobile phone	['məʊbaɪl fəʊn]
antwoordapparaat (het)	answering machine	['ɑ:nsərɪŋ mə'ʃi:n]

bellen (ww)	to call (vi, vt)	[tə kɔ:l]
belletje (telefoontje)	phone call	[fəʊn kɔ:l]

een nummer draaien	to dial a number	[tə 'daɪəl ə 'nʌmbə(r)]
Hallo!	Hello!	[hə'ləʊ]
vragen (ww)	to ask (vt)	[tə ɑ:sk]
antwoorden (ww)	to answer (vi, vt)	[tə 'ɑ:nsə(r)]

horen (ww)	to hear (vt)	[tə hɪə(r)]
goed (bw)	well	[wel]
slecht (bw)	not well	[nɒt wel]
storingen (mv.)	noises	[nɔɪzɪz]
hoorn (de)	receiver	[rɪ'si:və(r)]

| opnemen (ww) | to pick up the phone | [tə pɪk ʌp ðə fəʊn] |
| ophangen (ww) | to hang up | [tə hæŋg ʌp] |

bezet (bn)	busy	['bɪzɪ]
overgaan (ww)	to ring (vi)	[tə rɪŋ]
telefoonboek (het)	telephone book	['telɪfəʊn bʊk]

lokaal (bn)	local	['leʊkəl]
interlokaal (bn)	long distance	[lɒŋ 'dɪstəns]
buitenlands (bn)	international	[ˌɪntə'næʃənəl]

45. Mobiele telefoon

mobieltje (het)	mobile phone	['məʊbaɪl fəʊn]
scherm (het)	display	[dɪ'spleɪ]
toets, knop (de)	button	['bʌtən]
simkaart (de)	SIM card	[sɪm kɑːd]

batterij (de)	battery	['bætərɪ]
leeg zijn (ww)	to be dead	[tə bi ded]
acculader (de)	charger	['tʃɑːdʒə(r)]

menu (het)	menu	['menjuː]
instellingen (mv.)	settings	['setɪŋz]
melodie (beltoon)	tune	[tjuːn]
selecteren (ww)	to select (vt)	[tə sɪ'lekt]

rekenmachine (de)	calculator	['kælkjʊleɪtə(r)]
voicemail (de)	voice mail	[vɔɪs meɪl]
wekker (de)	alarm clock	[ə'lɑːm klɒk]
contacten (mv.)	contacts	['kɒntækts]

| SMS-bericht (het) | SMS | [ˌesem'es] |
| abonnee (de) | subscriber | [səb'skraɪbə(r)] |

46. Schrijfbehoeften

| balpen (de) | ballpoint pen | ['bɔːlpɔɪnt pen] |
| vulpen (de) | fountain pen | ['faʊntɪn pen] |

potlood (het)	pencil	['pensəl]
marker (de)	highlighter	['haɪlaɪtə(r)]
viltstift (de)	felt-tip pen	[felt tɪp pen]

| notitieboekje (het) | notepad | ['nəʊtpæd] |
| agenda (boekje) | agenda | [ə'dʒendə] |

liniaal (de/het)	ruler	['ruːlə(r)]
rekenmachine (de)	calculator	['kælkjʊleɪtə(r)]
gom (de)	eraser	[ɪ'reɪsə(r)]
punaise (de)	thumbtack	['θʌmtæk]
paperclip (de)	paper clip	['peɪpə klɪp]

lijm (de)	glue	[glu:]
nietmachine (de)	stapler	['steɪplə(r)]
perforator (de)	hole punch	[həʊl pʌntʃ]
potloodslijper (de)	pencil sharpener	['pensəl 'ʃɑːpənə(r)]

47. Vreemde talen

taal (de)	language	['læŋgwɪdʒ]
vreemd (bn)	foreign	['fɒrən]
leren (bijv. van buiten ~)	to study (vt)	[tə 'stʌdɪ]
studeren (Nederlands ~)	to learn (vt)	[tə lɜːn]

lezen (ww)	to read (vi, vt)	[tə riːd]
spreken (ww)	to speak (vi, vt)	[tə spiːk]
begrijpen (ww)	to understand (vt)	[tə‚ʌndə'stænd]
schrijven (ww)	to write (vt)	[tə raɪt]

snel (bw)	quickly, fast	['kwɪklɪ], [fɑːst]
langzaam (bw)	slowly	['sləʊlɪ]
vloeiend (bw)	fluently	['fluːəntlɪ]

regels (mv.)	rules	[ruːlz]
grammatica (de)	grammar	['græmə(r)]
vocabulaire (het)	vocabulary	[və'kæbjʊlərɪ]
fonetiek (de)	phonetics	[fə'netɪks]

leerboek (het)	textbook	['tekstbʊk]
woordenboek (het)	dictionary	['dɪkʃənərɪ]
leerboek (het) voor zelfstudie	teach-yourself book	[tiːtʃ jɔː'self bʊk]
taalgids (de)	phrasebook	['freɪzbʊk]

cassette (de)	cassette	[kæ'set]
videocassette (de)	videotape	['vɪdɪəʊteɪp]
CD (de)	CD, compact disc	[‚siː'diː], [kəm'pækt dɪsk]
DVD (de)	DVD	[‚diːviː'diː]

alfabet (het)	alphabet	['ælfəbet]
spellen (ww)	to spell (vt)	[tə spel]
uitspraak (de)	pronunciation	[prə‚nʌnsɪ'eɪʃən]

accent (het)	accent	['æksent]
met een accent (bw)	with an accent	[wɪð ən 'æksent]
zonder accent (bw)	without an accent	[wɪ'ðaʊt ən 'æksent]

| woord (het) | word | [wɜːd] |
| betekenis (de) | meaning | ['miːnɪŋ] |

cursus (de)	course	[kɔːs]
zich inschrijven (ww)	to sign up (vi)	[tə saɪn ʌp]
leraar (de)	teacher	['tiːtʃə(r)]

vertaling (tekst)	translation	[træns'leɪʃən]
vertaler (de)	translator	[træns'leɪtə(r)]
tolk (de)	interpreter	[ɪn'tɜːprɪtə(r)]

polyglot (de)	**polyglot**	['pɒlɪglɒt]
geheugen (het)	**memory**	['memərɪ]

MAALTIJDEN. RESTAURANT

48. Tafelschikking

lepel (de)	spoon	[spu:n]
mes (het)	knife	[naɪf]
vork (de)	fork	[fɔ:k]

kopje (het)	cup	[kʌp]
bord (het)	plate	[pleɪt]
schoteltje (het)	saucer	['sɔ:sə(r)]
servet (het)	napkin	['næpkɪn]
tandenstoker (de)	toothpick	['tu:θpɪk]

49. Restaurant

restaurant (het)	restaurant	['restrɒnt]
koffiehuis (het)	coffee house	['kɒfɪ ˌhaʊs]
bar (de)	pub, bar	[pʌb], [bɑ:(r)]
tearoom (de)	tearoom	['ti:rʊm]

kelner, ober (de)	waiter	['weɪtə(r)]
serveerster (de)	waitress	['weɪtrɪs]
barman (de)	bartender	['bɑ:rˌtendə(r)]

menu (het)	menu	['menju:]
wijnkaart (de)	wine list	['waɪn lɪst]
een tafel reserveren	to book a table	[tə bʊk ə 'teɪbəl]

gerecht (het)	course, dish	[kɔ:s], [dɪʃ]
bestellen (eten ~)	to order (vi, vt)	[tə 'ɔ:də(r)]
een bestelling maken	to make an order	[tə meɪk ən 'ɔ:də(r)]

aperitief (de/het)	aperitif	[əperə'ti:f]
voorgerecht (het)	appetizer	['æpɪtaɪzə(r)]
dessert (het)	dessert	[dɪ'zɜ:t]

rekening (de)	check	[tʃek]
de rekening betalen	to pay the check	[tə peɪ ðə tʃek]
wisselgeld teruggeven	to give change	[tə gɪv 'tʃeɪndʒ]
fooi (de)	tip	[tɪp]

50. Maaltijden

| eten (het) | food | [fu:d] |
| eten (ww) | to eat (vi, vt) | [tə i:t] |

ontbijt (het)	breakfast	['brekfəst]
ontbijten (ww)	to have breakfast	[tə hæv 'brekfəst]
lunch (de)	lunch	[lʌntʃ]
lunchen (ww)	to have lunch	[tə hæv lʌntʃ]
avondeten (het)	dinner	['dɪnə(r)]
souperen (ww)	to have dinner	[tə hæv 'dɪnə(r)]

eetlust (de)	appetite	['æpɪtaɪt]
Eet smakelijk!	Enjoy your meal!	[ɪn'dʒɔɪ jɔ: ˌmi:l]

openen (een fles ~)	to open (vt)	[tə 'əupən]
morsen (koffie, enz.)	to spill (vt)	[tə spɪl]
zijn gemorst	to spill out (vi)	[tə spɪl aut]

koken (water kookt bij 100°C)	to boil (vi)	[tə bɔɪl]
koken (Hoe om water te ~)	to boil (vt)	[tə bɔɪl]
gekookt (~ water)	boiled	['bɔɪld]
afkoelen (koeler maken)	to chill, cool down (vt)	[tə tʃɪl], [ku:l daun]
afkoelen (koeler worden)	to chill (vi)	[tə tʃɪl]

smaak (de)	taste, flavor	[teɪst], ['fleɪvə(r)]
nasmaak (de)	aftertaste	['ɑ:ftəteɪst]

volgen een dieet	to slim down	[tə slɪm daun]
dieet (het)	diet	['daɪət]
vitamine (de)	vitamin	['vaɪtəmɪn]
calorie (de)	calorie	['kælərɪ]
vegetariër (de)	vegetarian	[ˌvedʒɪ'teərɪən]
vegetarisch (bn)	vegetarian	[ˌvedʒɪ'teərɪən]

vetten (mv.)	fats	[fæts]
eiwitten (mv.)	proteins	['prəuti:nz]
koolhydraten (mv.)	carbohydrates	[ˌkɑ:bəu'haɪdreɪts]
snede (de)	slice	[slaɪs]
stuk (bijv. een ~ taart)	piece	[pi:s]
kruimel (de)	crumb	[krʌm]

51. Bereide gerechten

gerecht (het)	course, dish	[kɔ:s], [dɪʃ]
keuken (bijv. Franse ~)	cuisine	[kwɪ'zi:n]
recept (het)	recipe	['resɪpɪ]
portie (de)	portion	['pɔ:ʃən]

salade (de)	salad	['sæləd]
soep (de)	soup	[su:p]

bouillon (de)	clear soup	[ˌklɪə 'su:p]
boterham (de)	sandwich	['sænwɪdʒ]
spiegelei (het)	fried eggs	['fraɪd ˌegz]

hamburger (de)	cutlet	['kʌtlɪt]
hamburger (de)	hamburger	['hæmbɜ:gə(r)]
biefstuk (de)	steak	[steɪk]

hutspot (de)	stew	[stju:]
garnering (de)	side dish	[saɪd dɪʃ]
spaghetti (de)	spaghetti	[spə'getɪ]
aardappelpuree (de)	mashed potatoes	[mæʃt pə'teɪtəʊz]
pizza (de)	pizza	['pi:tsə]
pap (de)	porridge	['pɒrɪdʒ]
omelet (de)	omelet	['ɒmlɪt]

gekookt (in water)	boiled	['bɔɪld]
gerookt (bn)	smoked	[sməʊkt]
gebakken (bn)	fried	[fraɪd]
gedroogd (bn)	dried	[draɪd]
diepvries (bn)	frozen	['frəʊzən]
gemarineerd (bn)	pickled	['pɪkəld]

zoet (bn)	sweet	[swi:t]
gezouten (bn)	salty	['sɔ:ltɪ]
koud (bn)	cold	[kəʊld]
heet (bn)	hot	[hɒt]
bitter (bn)	bitter	['bɪtə(r)]
lekker (bn)	tasty	['teɪstɪ]

koken (in kokend water)	to cook in boiling water	[tə kʊk in 'bɔɪlɪŋ 'wɔ:tə]
bereiden (avondmaaltijd ~)	to cook (vt)	[tə kʊk]
bakken (ww)	to fry (vt)	[tə fraɪ]
opwarmen (ww)	to heat up	[tə hi:t ʌp]

zouten (ww)	to salt (vt)	[tə sɔ:lt]
peperen (ww)	to pepper (vt)	[tə 'pepə(r)]
raspen (ww)	to grate (vt)	[tə greɪt]
schil (de)	peel	[pi:l]
schillen (ww)	to peel (vt)	[tə pi:l]

52. Voedsel

vlees (het)	meat	[mi:t]
kip (de)	chicken	['tʃɪkɪn]
kuiken (het)	Rock Cornish hen	[rɒk 'kɔːnɪʃ hen]
eend (de)	duck	[dʌk]
gans (de)	goose	[gu:s]
wild (het)	game	[geɪm]
kalkoen (de)	turkey	['tɜːkɪ]

varkensvlees (het)	pork	[pɔːk]
kalfsvlees (het)	veal	[viːl]
schapenvlees (het)	lamb	[læm]
rundvlees (het)	beef	[biːf]
konijnenvlees (het)	rabbit	['ræbɪt]

worst (de)	sausage	['sɒsɪdʒ]
saucijs (de)	vienna sausage	[vɪ'enə 'sɒsɪdʒ]
spek (het)	bacon	['beɪkən]
ham (de)	ham	[hæm]
gerookte achterham (de)	gammon	['gæmən]

paté, pastei (de)	**pâté**	['pæteɪ]
lever (de)	**liver**	['lɪvə(r)]
varkensvet (het)	**lard**	[lɑːd]
gehakt (het)	**ground beef**	[graʊnd biːf]
tong (de)	**tongue**	[tʌŋ]

ei (het)	**egg**	[eg]
eieren (mv.)	**eggs**	[egz]
eiwit (het)	**egg white**	['eg ˌwaɪt]
eigeel (het)	**egg yolk**	['eg ˌjəʊk]

vis (de)	**fish**	[fɪʃ]
zeevruchten (mv.)	**seafood**	['siːfuːd]
schaaldieren (mv.)	**crustaceans**	[krʌ'steɪʃənz]
kaviaar (de)	**caviar**	['kævɪɑː(r)]

krab (de)	**crab**	[kræb]
garnaal (de)	**shrimp**	[ʃrɪmp]
oester (de)	**oyster**	['ɔɪstə(r)]
langoest (de)	**spiny lobster**	['spaɪnɪ 'lɒbstə(r)]
octopus (de)	**octopus**	['ɒktəpəs]
inktvis (de)	**squid**	[skwɪd]

steur (de)	**sturgeon**	['stɜːdʒən]
zalm (de)	**salmon**	['sæmən]
heilbot (de)	**halibut**	['hælɪbət]

kabeljauw (de)	**cod**	[kɒd]
makreel (de)	**mackerel**	['mækərəl]
tonijn (de)	**tuna**	['tuːnə]
paling (de)	**eel**	[iːl]

forel (de)	**trout**	[traʊt]
sardine (de)	**sardine**	[sɑː'diːn]
snoek (de)	**pike**	[paɪk]
haring (de)	**herring**	['herɪŋ]

brood (het)	**bread**	[bred]
kaas (de)	**cheese**	[tʃiːz]
suiker (de)	**sugar**	['ʃʊgə(r)]
zout (het)	**salt**	[sɔːlt]

rijst (de)	**rice**	[raɪs]
pasta (de)	**pasta**	['pæstə]
noedels (mv.)	**noodles**	['nuːdəlz]

boter (de)	**butter**	['bʌtə(r)]
plantaardige olie (de)	**vegetable oil**	['vedʒtəbəl ɔɪl]
zonnebloemolie (de)	**sunflower oil**	['sʌnˌflaʊə ɔɪl]
margarine (de)	**margarine**	[ˌmɑːdʒə'riːn]

olijven (mv.)	**olives**	['ɒlɪvz]
olijfolie (de)	**olive oil**	['ɒlɪv ˌɔɪl]

melk (de)	**milk**	[mɪlk]
gecondenseerde melk (de)	**condensed milk**	[kən'denst mɪlk]

yoghurt (de)	yogurt	['jəʊgərt]
zure room (de)	sour cream	['saʊə ˌkriːm]
room (de)	cream	[kriːm]

| mayonaise (de) | mayonnaise | [ˌmeɪə'neɪz] |
| crème (de) | buttercream | ['bʌtəˌkriːm] |

graan (het)	cereal grain	['sɪərɪəl greɪn]
meel (het), bloem (de)	flour	['flaʊə(r)]
conserven (mv.)	canned food	[kænd fuːd]

maïsvlokken (mv.)	cornflakes	['kɔːnfleɪks]
honing (de)	honey	['hʌnɪ]
jam (de)	jam	[dʒæm]
kauwgom (de)	chewing gum	['tʃuːɪŋ ˌgʌm]

53. Drankjes

water (het)	water	['wɔːtə(r)]
drinkwater (het)	drinking water	['drɪŋkɪŋ 'wɔːtə(r)]
mineraalwater (het)	mineral water	['mɪnərəl 'wɔːtə(r)]

zonder gas	still	[stɪl]
koolzuurhoudend (bn)	carbonated	['kɑːbəneɪtɪd]
bruisend (bn)	sparkling	['spɑːklɪŋ]
IJs (het)	ice	[aɪs]
met ijs	with ice	[wɪð aɪs]

alcohol vrij (bn)	non-alcoholic	[nɒn ˌælkə'hɒlɪk]
alcohol vrije drank (de)	soft drink	[sɒft drɪŋk]
frisdrank (de)	cool soft drink	[kuːl sɒft drɪŋk]
limonade (de)	lemonade	[ˌlemə'neɪd]

alcoholische dranken (mv.)	liquor	['lɪkə(r)]
wijn (de)	wine	[waɪn]
witte wijn (de)	white wine	['waɪt ˌwaɪn]
rode wijn (de)	red wine	['red ˌwaɪn]

likeur (de)	liqueur	[lɪ'kjʊə(r)]
champagne (de)	champagne	[ʃæm'peɪn]
vermout (de)	vermouth	[vɜː'muːθ]

whisky (de)	whisky	['wɪskɪ]
wodka (de)	vodka	['vɒdkə]
gin (de)	gin	[dʒɪn]
cognac (de)	cognac	['kɒnjæk]
rum (de)	rum	[rʌm]

koffie (de)	coffee	['kɒfɪ]
zwarte koffie (de)	black coffee	[blæk 'kɒfɪ]
koffie (de) met melk	coffee with milk	['kɒfɪ wɪð mɪlk]
cappuccino (de)	cappuccino	[ˌkæpʊ'tʃiːnəʊ]
oploskoffie (de)	instant coffee	['ɪnstənt 'kɒfɪ]
melk (de)	milk	[mɪlk]

| cocktail (de) | cocktail | ['kɒkteɪl] |
| milkshake (de) | milk shake | ['mɪlk ʃeɪk] |

sap (het)	juice	[dʒu:s]
tomatensap (het)	tomato juice	[tə'meɪtəʊ dʒu:s]
sinaasappelsap (het)	orange juice	['ɒrɪndʒ ˌdʒu:s]
vers geperst sap (het)	freshly squeezed juice	['freʃlɪ skwi:zd dʒu:s]

bier (het)	beer	[bɪə(r)]
licht bier (het)	light beer	[ˌlaɪt 'bɪə(r)]
donker bier (het)	dark beer	['dɑ:k ˌbɪə(r)]

thee (de)	tea	[ti:]
zwarte thee (de)	black tea	[blæk ti:]
groene thee (de)	green tea	['gri:nˌti:]

54. Groenten

| groenten (mv.) | vegetables | ['vedʒtəbəlz] |
| verse kruiden (mv.) | greens | [gri:nz] |

tomaat (de)	tomato	[tə'meɪtəʊ]
augurk (de)	cucumber	['kju:kʌmbə(r)]
wortel (de)	carrot	['kærət]
aardappel (de)	potato	[pə'teɪtəʊ]
ui (de)	onion	['ʌnjən]
knoflook (de)	garlic	['gɑ:lɪk]

kool (de)	cabbage	['kæbɪdʒ]
bloemkool (de)	cauliflower	['kɒlɪˌflaʊə(r)]
spruitkool (de)	Brussels sprouts	['brʌsəlz ˌspraʊts]
broccoli (de)	broccoli	['brɒkəlɪ]

rode biet (de)	beetroot	['bi:tru:t]
aubergine (de)	eggplant	['egplɑ:nt]
courgette (de)	zucchini	[zu:'ki:nɪ]
pompoen (de)	pumpkin	['pʌmpkɪn]
raap (de)	turnip	['tɜːnɪp]

peterselie (de)	parsley	['pɑ:slɪ]
dille (de)	dill	[dɪl]
sla (de)	lettuce	['letɪs]
selderij (de)	celery	['selərɪ]
asperge (de)	asparagus	[ə'spærəgəs]
spinazie (de)	spinach	['spɪnɪdʒ]

erwt (de)	pea	[pi:]
bonen (mv.)	beans	[bi:nz]
maïs (de)	corn	[kɔ:n]
boon (de)	kidney bean	['kɪdnɪ bi:n]

peper (de)	pepper	['pepə(r)]
radijs (de)	radish	['rædɪʃ]
artisjok (de)	artichoke	['ɑ:tɪtʃəʊk]

55. Vruchten. Noten

vrucht (de)	fruit	[fru:t]
appel (de)	apple	['æpəl]
peer (de)	pear	[peə(r)]
citroen (de)	lemon	['lemən]
sinaasappel (de)	orange	['ɒrɪndʒ]
aardbei (de)	strawberry	['strɔ:bərɪ]
mandarijn (de)	mandarin	['mændərɪn]
pruim (de)	plum	[plʌm]
perzik (de)	peach	[pi:tʃ]
abrikoos (de)	apricot	['eɪprɪkɒt]
framboos (de)	raspberry	['rɑ:zbərɪ]
ananas (de)	pineapple	['paɪnˌæpəl]
banaan (de)	banana	[bə'nɑ:nə]
watermeloen (de)	watermelon	['wɔ:təˌmelən]
druif (de)	grape	[greɪp]
meloen (de)	melon	['melən]
grapefruit (de)	grapefruit	['greɪpfru:t]
avocado (de)	avocado	[ˌævə'kɑ:dəʊ]
papaja (de)	papaya	[pə'paɪə]
mango (de)	mango	['mæŋgəʊ]
granaatappel (de)	pomegranate	['pɒmɪˌgrænɪt]
rode bes (de)	redcurrant	['redkʌrənt]
zwarte bes (de)	blackcurrant	[ˌblæk'kʌrənt]
kruisbes (de)	gooseberry	['gʊzbərɪ]
bosbes (de)	bilberry	['bɪlbərɪ]
braambes (de)	blackberry	['blækbərɪ]
rozijn (de)	raisin	['reɪzən]
vijg (de)	fig	[fɪg]
dadel (de)	date	[deɪt]
pinda (de)	peanut	['pi:nʌt]
amandel (de)	almond	['ɑ:mənd]
walnoot (de)	walnut	['wɔ:lnʌt]
hazelnoot (de)	hazelnut	['heɪzəlnʌt]
kokosnoot (de)	coconut	['kəʊkənʌt]
pistaches (mv.)	pistachios	[pɪ'stɑ:ʃɪəʊs]

56. Brood. Snoep

suikerbakkerij (de)	confectionery	[kən'fekʃənərɪ]
brood (het)	bread	[bred]
koekje (het)	cookies	['kʊkɪz]
chocolade (de)	chocolate	['tʃɒkələt]
chocolade- (abn)	chocolate	['tʃɒkələt]
snoepje (het)	candy	['kændɪ]

| cakeje (het) | cake | [keɪk] |
| taart (bijv. verjaardags~) | cake | [keɪk] |

| pastei (de) | pie | [paɪ] |
| vulling (de) | filling | ['fɪlɪŋ] |

confituur (de)	jam	[dʒæm]
marmelade (de)	marmalade	['mɑːməleɪd]
wafel (de)	waffle	['wɒfəl]
IJsje (het)	ice-cream	[aɪs kriːm]
pudding (de)	pudding	['pʊdɪŋ]

57. Kruiden

zout (het)	salt	[sɔːlt]
gezouten (bn)	salty	['sɔːltɪ]
zouten (ww)	to salt (vt)	[tə sɔːlt]

zwarte peper (de)	black pepper	[blæk 'pepə(r)]
rode peper (de)	red pepper	[red 'pepə(r)]
mosterd (de)	mustard	['mʌstəd]
mierikswortel (de)	horseradish	['hɔːsˌrædɪʃ]

condiment (het)	condiment	['kɒndɪmənt]
specerij , kruiderij (de)	spice	[spaɪs]
saus (de)	sauce	[sɔːs]
azijn (de)	vinegar	['vɪnɪgə(r)]

anijs (de)	anise	['ænɪs]
basilicum (de)	basil	['beɪzəl]
kruidnagel (de)	cloves	[kləʊvz]
gember (de)	ginger	['dʒɪndʒə(r)]
koriander (de)	coriander	[ˌkɒrɪ'ændə(r)]
kaneel (de/het)	cinnamon	['sɪnəmən]

sesamzaad (het)	sesame	['sesəmɪ]
laurierblad (het)	bay leaf	[beɪ liːf]
paprika (de)	paprika	['pæprɪkə]
komijn (de)	caraway	['kærəweɪ]
saffraan (de)	saffron	['sæfrən]

PERSOONLIJKE INFORMATIE. FAMILIE

58. Persoonlijke informatie. Formulieren

naam (de)	name, first name	[neɪm], ['fɜːst‚neɪm]
achternaam (de)	family name	['fæmlɪ ‚neɪm]
geboortedatum (de)	date of birth	[deɪt əv bɜːθ]
geboorteplaats (de)	place of birth	[‚pleɪs əv 'bɜːθ]
nationaliteit (de)	nationality	[‚næʃə'nælətɪ]
woonplaats (de)	place of residence	[‚pleɪs əv 'rezɪdəns]
land (het)	country	['kʌntrɪ]
beroep (het)	profession	[prə'feʃən]
geslacht (ov. het vrouwelijk ~)	gender, sex	['dʒendə(r)], [seks]
lengte (de)	height	[haɪt]
gewicht (het)	weight	[weɪt]

59. Familieleden. Verwanten

moeder (de)	mother	['mʌðə(r)]
vader (de)	father	['fɑːðə(r)]
zoon (de)	son	[sʌn]
dochter (de)	daughter	['dɔːtə(r)]
jongste dochter (de)	younger daughter	[jʌŋgə 'dɔːtə(r)]
jongste zoon (de)	younger son	[jʌŋgə 'sʌn]
oudste dochter (de)	eldest daughter	['eldɪst 'dɔːtə(r)]
oudste zoon (de)	eldest son	['eldɪst sʌn]
broer (de)	brother	['brʌðə(r)]
zuster (de)	sister	['sɪstə(r)]
neef (zoon van oom/tante)	cousin	['kʌzən]
nicht (dochter van oom/tante)	cousin	['kʌzən]
mama (de)	mom	[mɒm]
papa (de)	dad, daddy	[dæd], ['dædɪ]
ouders (mv.)	parents	['peərənts]
kind (het)	child	[tʃaɪld]
kinderen (mv.)	children	['tʃɪldrən]
oma (de)	grandmother	['græn‚mʌðə(r)]
opa (de)	grandfather	['grænd‚fɑːðə(r)]
kleinzoon (de)	grandson	['grænsʌn]
kleindochter (de)	granddaughter	['græn‚dɔːtə(r)]
kleinkinderen (mv.)	grandchildren	['græn‚tʃɪldrən]
oom (de)	uncle	['ʌŋkəl]

61

tante (de)	aunt	[ɑ:nt]
neef (zoon van broer/zus)	nephew	['nefju:]
nicht (dochter van broer/zus)	niece	[ni:s]

schoonmoeder (de)	mother-in-law	['mʌðər ɪn 'lɔ:]
schoonvader (de)	father-in-law	['fɑ:ðə ɪn ˌlɔ:]
schoonzoon (de)	son-in-law	['sʌn ɪn ˌlɔ:]
stiefmoeder (de)	stepmother	['stepˌmʌðə(r)]
stiefvader (de)	stepfather	['stepˌfɑ:ðə(r)]

zuigeling (de)	infant	['ɪnfənt]
wiegenkind (het)	baby	['beɪbɪ]
kleuter (de)	little boy	['lɪtəl ˌbɔɪ]

| vrouw (de) | wife | [waɪf] |
| man (de) | husband | ['hʌzbənd] |

gehuwd (mann.)	married	['mærɪd]
gehuwd (vrouw.)	married	['mærɪd]
ongehuwd (mann.)	single	['sɪŋgəl]
vrijgezel (de)	bachelor	['bætʃələ(r)]
gescheiden (bn)	divorced	[dɪ'vɔ:st]
weduwe (de)	widow	['wɪdəʊ]
weduwnaar (de)	widower	['wɪdəʊə(r)]

familielid (het)	relative	['relətɪv]
dichte familielid (het)	close relative	[ˌkləʊs 'relətɪv]
verre familielid (het)	distant relative	['dɪstənt 'relətɪv]
familieleden (mv.)	relatives	['relətɪvz]

wees (de), weeskind (het)	orphan	['ɔ:fən]
voogd (de)	guardian	['gɑ:djən]
adopteren (een jongen te ~)	to adopt (vt)	[tə ə'dɒpt]
adopteren (een meisje te ~)	to adopt (vt)	[tə ə'dɒpt]

60. Vrienden. Collega's

vriend (de)	friend	[frend]
vriendin (de)	friend, girlfriend	[frend], ['gɜːlfrend]
vriendschap (de)	friendship	['frendʃɪp]
bevriend zijn (ww)	to be friends	[tə bi frendz]

makker (de)	buddy	['bʌdɪ]
vriendin (de)	buddy	['bʌdɪ]
partner (de)	partner	['pɑ:tnə(r)]

chef (de)	chief	[tʃi:f]
baas (de)	boss, superior	[bɒs], [su:'pɪərɪə(r)]
ondergeschikte (de)	subordinate	[sə'bɔ:dɪnət]
collega (de)	colleague	['kɒli:g]

kennis (de)	acquaintance	[ə'kweɪntəns]
medereiziger (de)	fellow traveler	['feləʊ 'trævələ(r)]
klasgenoot (de)	classmate	['klɑ:smeɪt]

buurman (de)	neighbor	[ˈneɪbə(r)]
buurvrouw (de)	neighbor	[ˈneɪbə(r)]
buren (mv.)	neighbors	[ˈneɪbəz]

MENSELIJK LICHAAM. GENEESKUNDE

61. Hoofd

hoofd (het)	head	[hed]
gezicht (het)	face	[feɪs]
neus (de)	nose	[nəʊz]
mond (de)	mouth	[maʊθ]
oog (het)	eye	[aɪ]
ogen (mv.)	eyes	[aɪz]
pupil (de)	pupil	['pju:pəl]
wenkbrauw (de)	eyebrow	['aɪbraʊ]
wimper (de)	eyelash	['aɪlæʃ]
ooglid (het)	eyelid	['aɪlɪd]
tong (de)	tongue	[tʌŋ]
tand (de)	tooth	[tu:θ]
lippen (mv.)	lips	[lɪps]
jukbeenderen (mv.)	cheekbones	['tʃi:kbəʊnz]
tandvlees (het)	gum	[gʌm]
gehemelte (het)	palate	['pælət]
neusgaten (mv.)	nostrils	['nɒstrɪlz]
kin (de)	chin	[tʃɪn]
kaak (de)	jaw	[dʒɔ:]
wang (de)	cheek	[tʃi:k]
voorhoofd (het)	forehead	['fɔ:hed]
slaap (de)	temple	['tempəl]
oor (het)	ear	[ɪə(r)]
achterhoofd (het)	back of the head	['bæk əv ðə ˌhed]
hals (de)	neck	[nek]
keel (de)	throat	[θrəʊt]
haren (mv.)	hair	[heə(r)]
kapsel (het)	hairstyle	['heəstaɪl]
haarsnit (de)	haircut	['heəkʌt]
pruik (de)	wig	[wɪg]
snor (de)	mustache	['mʌstæʃ]
baard (de)	beard	[bɪəd]
dragen (een baard, enz.)	to have (vt)	[tə hæv]
vlecht (de)	braid	[breɪd]
bakkebaarden (mv.)	sideburns	['saɪdbɜ:nz]
ros (roodachtig, rossig)	red-haired	['red ˌheəd]
grijs (~ haar)	gray	[greɪ]
kaal (bn)	bald	[bɔ:ld]
kale plek (de)	bald patch	[bɔ:ld pætʃ]

| paardenstaart (de) | ponytail | ['pəʊniteil] |
| pony (de) | bangs | [bæŋz] |

62. Menselijk lichaam

| hand (de) | hand | [hænd] |
| arm (de) | arm | [ɑːm] |

vinger (de)	finger	['fɪŋgə(r)]
duim (de)	thumb	[θʌm]
pink (de)	little finger	[ˌlɪtəl 'fɪŋgə(r)]
nagel (de)	nail	[neɪl]

vuist (de)	fist	[fɪst]
handpalm (de)	palm	[pɑːm]
pols (de)	wrist	[rɪst]
voorarm (de)	forearm	['fɔːrˌɑːm]
elleboog (de)	elbow	['elbəʊ]
schouder (de)	shoulder	['ʃəʊldə(r)]

been (rechter ~)	leg	[leg]
voet (de)	foot	[fʊt]
knie (de)	knee	[niː]
kuit (de)	calf	[kɑːf]
heup (de)	hip	[hɪp]
hiel (de)	heel	[hiːl]

lichaam (het)	body	['bɒdɪ]
buik (de)	stomach	['stʌmək]
borst (de)	chest	[tʃest]
borst (de)	breast	[brest]
zijde (de)	flank	[flæŋk]
rug (de)	back	[bæk]
lage rug (de)	lower back	['ləʊə bæk]
taille (de)	waist	[weɪst]

navel (de)	navel	['neɪvəl]
billen (mv.)	buttocks	['bʌtəks]
achterwerk (het)	bottom	['bɒtəm]

huidvlek (de)	beauty mark	['bjuːtɪ mɑːk]
tatoeage (de)	tattoo	[təˈtuː]
litteken (het)	scar	[skɑː(r)]

63. Ziekten

ziekte (de)	sickness	['sɪknɪs]
ziek zijn (ww)	to be sick	[tə bi 'sɪk]
gezondheid (de)	health	[helθ]

| snotneus (de) | runny nose | [ˌrʌnɪ 'nəʊz] |
| angina (de) | angina | [ænˈdʒaɪnə] |

| verkoudheid (de) | cold | [kəʊld] |
| verkouden raken (ww) | to catch a cold | [tə kætʃ ə 'kəʊld] |

bronchitis (de)	bronchitis	[brɒŋ'kaɪtɪs]
longontsteking (de)	pneumonia	[nju:'məʊnɪə]
griep (de)	flu	[flu:]

bijziend (bn)	near-sighted	[ˌnɪə'saɪtɪd]
verziend (bn)	far-sighted	['fɑ: ˌsaɪtɪd]
scheelheid (de)	strabismus	[strə'bɪzməs]
scheel (bn)	cross-eyed	[krɒs 'aɪd]
grauwe staar (de)	cataract	['kætərækt]
glaucoom (het)	glaucoma	[glɔ:'kəʊmə]

beroerte (de)	stroke	[strəʊk]
hartinfarct (het)	heart attack	['hɑ:t əˌtæk]
myocardiaal infarct (het)	myocardial infarction	[ˌmaɪəʊ'kɑ:dɪəl ɪn'fɑ:kʃən]
verlamming (de)	paralysis	[pə'rælɪsɪs]
verlammen (ww)	to paralyze (vt)	[tə 'pærəlaɪz]

allergie (de)	allergy	['ælədʒɪ]
astma (de/het)	asthma	['æsmə]
diabetes (de)	diabetes	[ˌdaɪə'bi:ti:z]

| tandpijn (de) | toothache | ['tu:θeɪk] |
| tandbederf (het) | caries | ['keəri:z] |

diarree (de)	diarrhea	[ˌdaɪə'rɪə]
constipatie (de)	constipation	[ˌkɒnstɪ'peɪʃən]
maagstoornis (de)	stomach upset	['stʌmək 'ʌpset]
voedselvergiftiging (de)	food poisoning	[fu:d 'pɔɪzənɪŋ]

artritis (de)	arthritis	[ɑ:'θraɪtɪs]
rachitis (de)	rickets	['rɪkɪts]
reuma (het)	rheumatism	['ru:mətɪzəm]
arteriosclerose (de)	atherosclerosis	[ˌæθərəʊsklɪ'rəʊsɪs]

gastritis (de)	gastritis	[gæs'traɪtɪs]
blindedarmontsteking (de)	appendicitis	[əˌpendɪ'saɪtɪs]
galblaasontsteking (de)	cholecystitis	[ˌkɒlɪsɪs'taɪtɪs]
zweer (de)	ulcer	['ʌlsə(r)]

mazelen (mv.)	measles	['mi:zəlz]
rodehond (de)	German measles	['dʒɜ:mən 'mi:zəlz]
geelzucht (de)	jaundice	['dʒɔ:ndɪs]
leverontsteking (de)	hepatitis	[ˌhepə'taɪtɪs]

schizofrenie (de)	schizophrenia	[ˌskɪtsə'fri:nɪə]
dolheid (de)	rabies	['reɪbi:z]
neurose (de)	neurosis	[ˌnjʊə'rəʊsɪs]
hersenschudding (de)	concussion	[kən'kʌʃən]

kanker (de)	cancer	['kænsə(r)]
sclerose (de)	sclerosis	[sklə'rəʊsɪs]
multiple sclerose (de)	multiple sclerosis	['mʌltɪpəl sklə'rəʊsɪs]
alcoholisme (het)	alcoholism	['ælkəhɒlɪzəm]

alcoholicus (de)	alcoholic	[ˌælkə'hɒlɪk]
syfilis (de)	syphilis	['sɪfɪlɪs]
AIDS (de)	AIDS	[eɪdz]

tumor (de)	tumor	['tju:mə(r)]
koorts (de)	fever	['fi:və(r)]
malaria (de)	malaria	[mə'leərɪə]
gangreen (het)	gangrene	['gæŋgri:n]
zeeziekte (de)	seasickness	['si:sɪknɪs]
epilepsie (de)	epilepsy	['epɪlepsɪ]

epidemie (de)	epidemic	[ˌepɪ'demɪk]
tyfus (de)	typhus	['taɪfəs]
tuberculose (de)	tuberculosis	[tjuːˌbɜːkjʊ'ləʊsɪs]
cholera (de)	cholera	['kɒlərə]
pest (de)	plague	[pleɪg]

64. Symptomen. Behandelingen. Deel 1

symptoom (het)	symptom	['sɪmptəm]
temperatuur (de)	temperature	['temprətʃə(r)]
verhoogde temperatuur (de)	high temperature	[haɪ 'temprətʃə(r)]
polsslag (de)	pulse	[pʌls]

duizeling (de)	giddiness	['gɪdɪnɪs]
heet (erg warm)	hot	[hɒt]
koude rillingen (mv.)	shivering	['ʃɪvərɪŋ]
bleek (bn)	pale	[peɪl]

hoest (de)	cough	[kɒf]
hoesten (ww)	to cough (vi)	[tə kɒf]
niezen (ww)	to sneeze (vi)	[tə sni:z]
flauwte (de)	faint	[feɪnt]
flauwvallen (ww)	to faint (vi)	[tə feɪnt]

blauwe plek (de)	bruise	[bru:z]
buil (de)	bump	[bʌmp]
zich stoten (ww)	to bang (vi)	[tə bæŋ]
kneuzing (de)	bruise	[bru:z]
kneuzen (gekneusd zijn)	to get a bruise	[tə get ə bru:z]

hinken (ww)	to limp (vi)	[tə lɪmp]
verstuiking (de)	dislocation	[ˌdɪslə'keɪʃən]
verstuiken (enkel, enz.)	to dislocate (vt)	[tə 'dɪsləkeɪt]
breuk (de)	fracture	['fræktʃə(r)]
een breuk oplopen	to have a fracture	[tə hæv ə 'fræktʃə(r)]

snijwond (de)	cut	[kʌt]
zich snijden (ww)	to cut oneself	[tə kʌt wʌn'self]
bloeding (de)	bleeding	['bli:dɪŋ]

brandwond (de)	burn	[bɜ:n]
zich branden (ww)	to get burned	[tə get 'bɜ:nd]
prikken (ww)	to prick (vt)	[tə prɪk]

zich prikken (ww)	to prick oneself	[tə prɪk wʌn'self]
blesseren (ww)	to injure (vt)	[tə 'ɪndʒə(r)]
blessure (letsel)	injury	['ɪndʒərɪ]
wond (de)	wound	[wu:nd]
trauma (het)	trauma	['traʊmə]

IJlen (ww)	to be delirious	[tə bi dɪ'lɪrɪəs]
stotteren (ww)	to stutter (vi)	[tə 'stʌtə(r)]
zonnesteek (de)	sunstroke	['sʌnstrəʊk]

65. Symptomen. Behandelingen. Deel 2

| pijn (de) | pain | [peɪn] |
| splinter (de) | splinter | ['splɪntə(r)] |

zweet (het)	sweat	[swet]
zweten (ww)	to sweat (vi)	[tə swet]
braking (de)	vomiting	['vɒmɪtɪŋ]
stuiptrekkingen (mv.)	convulsions	[kən'vʌlʃənz]

zwanger (bn)	pregnant	['pregnənt]
geboren worden (ww)	to be born	[tə bi bɔ:n]
geboorte (de)	delivery, labor	[dɪ'lɪvərɪ], ['leɪbə(r)]
baren (ww)	to deliver (vt)	[tə dɪ'lɪvə(r)]
abortus (de)	abortion	[ə'bɔ:ʃən]

ademhaling (de)	breathing, respiration	['bri:ðɪŋ], [ˌrespə'reɪʃən]
inademing (de)	inhalation	[ˌɪnhə'leɪʃən]
uitademing (de)	exhalation	[ˌeksə'leɪʃən]
uitademen (ww)	to exhale (vi)	[tə eks'heɪl]
inademen (ww)	to inhale (vi)	[tə ɪn'heɪl]

invalide (de)	disabled person	[dɪs'eɪbəld 'pɜ:sən]
gehandicapte (de)	cripple	['krɪpəl]
drugsverslaafde (de)	drug addict	['drʌgˌædɪkt]

doof (bn)	deaf	[def]
stom (bn)	dumb	[dʌm]
doofstom (bn)	deaf-and-dumb	[ˌdef ənd 'dʌm]

krankzinnig (bn)	mad, insane	[mæd], [ɪn'seɪn]
krankzinnige (man)	madman	['mædmən]
krankzinnige (vrouw)	madwoman	['mædˌwʊmən]
krankzinnig worden	to go insane	[tə gəʊ ɪn'seɪn]

gen (het)	gene	[dʒi:n]
immuniteit (de)	immunity	[ɪ'mju:nətɪ]
erfelijk (bn)	hereditary	[hɪ'redɪtərɪ]
aangeboren (bn)	congenital	[kən'dʒenɪtəl]

virus (het)	virus	['vaɪrəs]
microbe (de)	microbe	['maɪkrəʊb]
bacterie (de)	bacterium	[bæk'tɪərɪəm]
infectie (de)	infection	[ɪn'fekʃən]

66. Symptomen. Behandelingen. Deel 3

ziekenhuis (het)	hospital	['hɒspɪtəl]
patiënt (de)	patient	['peɪʃənt]
diagnose (de)	diagnosis	[ˌdaɪəg'nəʊsɪs]
genezing (de)	cure	[kjʊə]
medische behandeling (de)	treatment	['tri:tmənt]
onder behandeling zijn	to get treatment	[tə get 'tri:tmənt]
behandelen (ww)	to treat (vt)	[tə tri:t]
zorgen (zieken ~)	to nurse (vt)	[tə nɜːs]
ziekenzorg (de)	care	[keə(r)]
operatie (de)	operation, surgery	[ˌɒpə'reɪʃən], ['sɜːdʒərɪ]
verbinden (een arm ~)	to bandage (vt)	[tə 'bændɪdʒ]
verband (het)	bandaging	['bændɪdʒɪŋ]
vaccin (het)	vaccination	[ˌvæksɪ'neɪʃən]
inenten (vaccineren)	to vaccinate (vt)	[tə 'væksɪneɪt]
injectie (de)	injection, shot	[ɪn'dʒekʃən], [ʃɒt]
een injectie geven	to give an injection	[təˌgɪv ən ɪn'dʒekʃən]
aanval (de)	attack	[ə'tæk]
amputatie (de)	amputation	[ˌæmpjʊ'teɪʃən]
amputeren (ww)	to amputate (vt)	[tə 'æmpjʊteɪt]
coma (het)	coma	['kəʊmə]
in coma liggen	to be in a coma	[tə bi ɪn ə 'kəʊmə]
intensieve zorg, ICU (de)	intensive care	[ɪn'tensɪv ˌkeə(r)]
zich herstellen (ww)	to recover (vi)	[tə rɪ'kʌvə(r)]
toestand (de)	state	[steɪt]
bewustzijn (het)	consciousness	['kɒnʃəsnɪs]
geheugen (het)	memory	['memərɪ]
trekken (een kies ~)	to pull out	[tə ˌpʊl 'aʊt]
vulling (de)	filling	['fɪlɪŋ]
vullen (ww)	to fill (vt)	[tə fɪl]
hypnose (de)	hypnosis	[hɪp'nəʊsɪs]
hypnotiseren (ww)	to hypnotize (vt)	[tə 'hɪpnətaɪz]

67. Geneeskunde. Medicijnen. Accessoires

geneesmiddel (het)	medicine, drug	['medsɪn], [drʌg]
middel (het)	remedy	['remədɪ]
voorschrijven (ww)	to prescribe (vt)	[tə prɪ'skraɪb]
recept (het)	prescription	[prɪ'skrɪpʃən]
tablet (de/het)	tablet, pill	['tæblɪt], [pɪl]
zalf (de)	ointment	['ɔɪntmənt]
ampul (de)	ampule	['æmpu:l]
drank (de)	mixture	['mɪkstʃə(r)]
siroop (de)	syrup	['sɪrəp]

| pil (de) | pill | [pɪl] |
| poeder (de/het) | powder | ['paʊdə(r)] |

verband (het)	bandage	['bændɪdʒ]
watten (mv.)	cotton wool	['kɒtən ˌwʊl]
jodium (het)	iodine	['aɪədaɪn]

pleister (de)	Band-Aid	['bændˌeɪd]
pipet (de)	eyedropper	[aɪ 'drɒpə(r)]
thermometer (de)	thermometer	[θə'mɒmɪtə(r)]
spuit (de)	syringe	[sɪ'rɪndʒ]

| rolstoel (de) | wheelchair | ['wiːlˌtʃeə(r)] |
| krukken (mv.) | crutches | [krʌtʃɪz] |

pijnstiller (de)	painkiller	['peɪnˌkɪlə(r)]
laxeermiddel (het)	laxative	['læksətɪv]
spiritus (de)	spirit, ethanol	['spɪrɪt], ['eθənɒl]
medicinale kruiden (mv.)	medicinal herbs	[mə'dɪsɪnəl ɜːrbz]
kruiden- (abn)	herbal	['ɜːrbəl]

APPARTEMENT

68. Appartement

appartement (het)	apartment	[ə'pɑːtmənt]
kamer (de)	room	[rʊːm]
slaapkamer (de)	bedroom	['bedrʊm]
eetkamer (de)	dining room	['daɪnɪŋ rʊm]
salon (de)	living room	['lɪvɪŋ rʊːm]
studeerkamer (de)	study	['stʌdɪ]
gang (de)	entry room	['entrɪ rʊːm]
badkamer (de)	bathroom	['bɑːθrʊm]
toilet (het)	half bath	[hɑːf bɑːθ]
plafond (het)	ceiling	['siːlɪŋ]
vloer (de)	floor	[flɔː(r)]
hoek (de)	corner	['kɔːnə(r)]

69. Meubels. Interieur

meubels (mv.)	furniture	['fɜːnɪtʃə(r)]
tafel (de)	table	['teɪbəl]
stoel (de)	chair	[tʃeə(r)]
bed (het)	bed	[bed]
bankstel (het)	couch, sofa	[kaʊtʃ], ['səʊfə]
fauteuil (de)	armchair	['ɑːmtʃeə(r)]
boekenkast (de)	bookcase	['bʊkkeɪs]
boekenrek (het)	shelf	[ʃelf]
stellingkast (de)	set of shelves	[set əv ʃelvz]
kledingkast (de)	wardrobe	['wɔːdrəʊb]
kapstok (de)	coat rack	['kəʊt ˌræk]
staande kapstok (de)	coat stand	['kəʊt stænd]
commode (de)	dresser	['dresə(r)]
salontafeltje (het)	coffee table	['kɒfɪ 'teɪbəl]
spiegel (de)	mirror	['mɪrə(r)]
tapijt (het)	carpet	['kɑːpɪt]
tapijtje (het)	rug, small carpet	[rʌg], [smɔːl 'kɑːpɪt]
haard (de)	fireplace	['faɪəpleɪs]
kaars (de)	candle	['kændəl]
kandelaar (de)	candlestick	['kændəlstɪk]
gordijnen (mv.)	drapes	[dreɪps]
behang (het)	wallpaper	['wɔːlˌpeɪpə(r)]

jaloezie (de)	blinds	[blaɪndz]
bureaulamp (de)	table lamp	[ˈteɪbəl læmp]
staande lamp (de)	floor lamp	[flɔː læmp]
luchter (de)	chandelier	[ˌʃændəˈlɪə(r)]

poot (ov. een tafel, enz.)	leg	[leg]
armleuning (de)	armrest	[ˈɑːmrest]
rugleuning (de)	back	[bæk]
la (de)	drawer	[drɔː(r)]

70. Beddengoed

beddengoed (het)	bedclothes	[ˈbedkləʊðz]
kussen (het)	pillow	[ˈpɪləʊ]
kussenovertrek (de)	pillowcase	[ˈpɪləʊkeɪs]
deken (de)	blanket	[ˈblæŋkɪt]
laken (het)	sheet	[ʃiːt]
sprei (de)	bedspread	[ˈbedspred]

71. Keuken

keuken (de)	kitchen	[ˈkɪtʃɪn]
gas (het)	gas	[gæs]
gasfornuis (het)	gas cooker	[gæs ˈkʊkə(r)]
elektrisch fornuis (het)	electric cooker	[ɪˈlektrɪk ˈkʊkə(r)]
oven (de)	oven	[ˈʌvən]
magnetronoven (de)	microwave oven	[ˈmaɪkrəweɪv ˈʌvən]

koelkast (de)	fridge	[frɪdʒ]
diepvriezer (de)	freezer	[ˈfriːzə(r)]
vaatwasmachine (de)	dishwasher	[ˈdɪʃˌwɒʃə(r)]

vleesmolen (de)	meat grinder	[miːt ˈɡraɪndə(r)]
vruchtenpers (de)	juicer	[ˈdʒuːsə]
toaster (de)	toaster	[ˈtəʊstə(r)]
mixer (de)	mixer	[ˈmɪksə(r)]

koffiemachine (de)	coffee maker	[ˈkɒfɪ ˈmeɪkə(r)]
koffiepot (de)	coffee pot	[ˈkɒfɪ pɒt]
koffiemolen (de)	coffee grinder	[ˈkɒfɪ ˈɡraɪndə(r)]

fluitketel (de)	kettle	[ˈketəl]
theepot (de)	teapot	[ˈtiːpɒt]
deksel (de/het)	lid	[lɪd]
theezeefje (het)	tea strainer	[tiː ˈstreɪnə(r)]

lepel (de)	spoon	[spuːn]
theelepeltje (het)	teaspoon	[ˈtiːspuːn]
eetlepel (de)	tablespoon	[ˈteɪbəlspuːn]
vork (de)	fork	[fɔːk]
mes (het)	knife	[naɪf]
vaatwerk (het)	tableware	[ˈteɪbəlweə(r)]

| bord (het) | plate | [pleɪt] |
| schoteltje (het) | saucer | ['sɔːsə(r)] |

likeurglas (het)	shot glass	[ʃɒt glɑːs]
glas (het)	glass	[glɑːs]
kopje (het)	cup	[kʌp]

suikerpot (de)	sugar bowl	['ʃʊgə ˌbəʊl]
zoutvat (het)	salt shaker	[sɒlt 'ʃeɪkə]
pepervat (het)	pepper shaker	['pepə 'ʃeɪkə]
boterschaaltje (het)	butter dish	['bʌtə dɪʃ]

steelpan (de)	saucepan	['sɔːspən]
bakpan (de)	frying pan	['fraɪɪŋ pæn]
pollepel (de)	ladle	['leɪdəl]
vergiet (de/het)	colander	['kʌləndə(r)]
dienblad (het)	tray	[treɪ]

fles (de)	bottle	['bɒtəl]
glazen pot (de)	jar	[dʒɑː(r)]
blik (conserven~)	can	[kæn]

flesopener (de)	bottle opener	['bɒtəl 'əʊpənə(r)]
blikopener (de)	can opener	[kæn 'əʊpənə(r)]
kurkentrekker (de)	corkscrew	['kɔːkskruː]
filter (de/het)	filter	['fɪltə(r)]
filteren (ww)	to filter (vt)	[tə 'fɪltə(r)]

| huisvuil (het) | trash | [træʃ] |
| vuilnisemmer (de) | trash can | ['træʃkæn] |

72. Badkamer

badkamer (de)	bathroom	['bɑːθrʊm]
water (het)	water	['wɔːtə(r)]
kraan (de)	tap, faucet	[tæp], ['fɔːsɪt]
warm water (het)	hot water	[hɒt 'wɔːtə(r)]
koud water (het)	cold water	[ˌkəʊld 'wɔːtə(r)]

| tandpasta (de) | toothpaste | ['tuːθpeɪst] |
| tanden poetsen (ww) | to brush one's teeth | [tə brʌʃ wʌns 'tiːθ] |

zich scheren (ww)	to shave (vi)	[tə ʃeɪv]
scheercrème (de)	shaving foam	['ʃeɪvɪŋ fəʊm]
scheermes (het)	razor	['reɪzə(r)]

wassen (ww)	to wash (vt)	[tə wɒʃ]
een bad nemen	to take a bath	[tə teɪk ə bɑːθ]
douche (de)	shower	['ʃaʊə(r)]
een douche nemen	to take a shower	[tə teɪk ə 'ʃaʊə(r)]

bad (het)	bathtub	['bɑːθtʌb]
toiletpot (de)	toilet	['tɔɪlɪt]
wastafel (de)	sink, washbasin	[sɪŋk], ['wɒʃˌbeɪsən]

| zeep (de) | soap | [seʊp] |
| zeepbakje (het) | soap dish | ['seʊpdɪʃ] |

spons (de)	sponge	[spʌndʒ]
shampoo (de)	shampoo	[ʃæm'puː]
handdoek (de)	towel	['taʊəl]
badjas (de)	bathrobe	['bɑːθreʊb]

was (bijv. handwas)	laundry	['lɔːndrɪ]
wasmachine (de)	washing machine	['wɔʃɪŋ mə'ʃiːn]
de was doen	to do the laundry	[tə duː ðə 'lɔːndrɪ]
waspoeder (de)	laundry detergent	['lɔːndrɪ dɪ'tɜːdʒənt]

73. Huishoudelijke apparaten

televisie (de)	TV set	[ˌtiː'viː set]
cassettespeler (de)	tape recorder	[teɪp rɪ'kɔːdə(r)]
videorecorder (de)	video, VCR	['vɪdɪəʊ], [ˌviːsiː'ɑː(r)]
radio (de)	radio	['reɪdɪəʊ]
speler (de)	player	['pleɪə(r)]

videoprojector (de)	video projector	['vɪdɪəʊ prə'dʒektə(r)]
home theater systeem (het)	home movie theater	[həʊm 'muːvɪ 'θɪətə(r)]
DVD-speler (de)	DVD player	[ˌdiːviː'diː 'pleɪə(r)]
versterker (de)	amplifier	['æmplɪfaɪə]
spelconsole (de)	video game console	['vɪdɪəʊ geɪm 'kɒnseʊl]

videocamera (de)	video camera	['vɪdɪəʊ 'kæmərə]
fotocamera (de)	camera	['kæmərə]
digitale camera (de)	digital camera	['dɪdʒɪtəl 'kæmərə]

stofzuiger (de)	vacuum cleaner	['vækjʊəm 'kliːnə(r)]
strijkijzer (het)	iron	['aɪrən]
strijkplank (de)	ironing board	['aɪrənɪŋ bɔːd]

telefoon (de)	telephone	['telɪfəʊn]
mobieltje (het)	mobile phone	['məʊbaɪl fəʊn]
schrijfmachine (de)	typewriter	['taɪpˌraɪtə(r)]
naaimachine (de)	sewing machine	['səʊɪŋ mə'ʃiːn]

microfoon (de)	microphone	['maɪkrəfəʊn]
koptelefoon (de)	headphones	['hedfəʊnz]
afstandsbediening (de)	remote control	[rɪ'məʊt kən'treʊl]

CD (de)	CD, compact disc	[ˌsiː'diː], [kəm'pækt dɪsk]
cassette (de)	cassette	[kæ'set]
vinylplaat (de)	vinyl record	['vaɪnɪl 'rekɔːd]

DE AARDE. WEER

74. De kosmische ruimte

kosmos (de)	cosmos	['kɒzmɒs]
kosmisch (bn)	space	[speɪs]
kosmische ruimte (de)	outer space	['aʊtə speɪs]
sterrenstelsel (het)	galaxy	['gæləksɪ]
ster (de)	star	[stɑ:(r)]
sterrenbeeld (het)	constellation	[ˌkɒnstə'leɪʃən]
planeet (de)	planet	['plænɪt]
satelliet (de)	satellite	['sætəlaɪt]
meteoriet (de)	meteorite	['mi:tjəraɪt]
komeet (de)	comet	['kɒmɪt]
asteroïde (de)	asteroid	['æstərɔɪd]
baan (de)	orbit	['ɔ:bɪt]
draaien (om de zon, enz.)	to rotate (vi)	[tə rəʊ'teɪt]
atmosfeer (de)	atmosphere	['ætməˌsfɪə(r)]
Zon (de)	the Sun	[ðə sʌn]
zonnestelsel (het)	solar system	['səʊlə 'sɪstəm]
zonsverduistering (de)	solar eclipse	['səʊlə ɪ'klɪps]
Aarde (de)	the Earth	[ðɪ ɜ:θ]
Maan (de)	the Moon	[ðə mu:n]
Mars (de)	Mars	[mɑ:z]
Venus (de)	Venus	['vi:nəs]
Jupiter (de)	Jupiter	['dʒu:pɪtə(r)]
Saturnus (de)	Saturn	['sætən]
Mercurius (de)	Mercury	['mɜ:kjʊrɪ]
Uranus (de)	Uranus	['jʊərənəs]
Neptunus (de)	Neptune	['neptju:n]
Pluto (de)	Pluto	['plu:təʊ]
Melkweg (de)	Milky Way	['mɪlkɪ weɪ]
Grote Beer (de)	Great Bear	[greɪt beə(r)]
Poolster (de)	North Star	[nɔ:θ stɑ:(r)]
marsmannetje (het)	Martian	['mɑ:ʃən]
buitenaards wezen (het)	extraterrestrial	[ˌekstrətə'restrɪəl]
bovenaards (het)	alien	['eɪljən]
vliegende schotel (de)	flying saucer	['flaɪɪŋ 'sɔ:sə(r)]
ruimtevaartuig (het)	spaceship	['speɪsʃɪp]
ruimtestation (het)	space station	[speɪs 'steɪʃən]

start (de)	blast-off	[blɑːst ɒf]
motor (de)	engine	['endʒɪn]
straalpijp (de)	nozzle	['nɒzəl]
brandstof (de)	fuel	[fjuəl]

cabine (de)	cockpit	['kɒkpɪt]
antenne (de)	antenna	[æn'tenə]
patrijspoort (de)	porthole	['pɔːthəʊl]
zonnebatterij (de)	solar battery	['səʊlə 'bætərɪ]
ruimtepak (het)	spacesuit	['speɪssuːt]

gewichtloosheid (de)	weightlessness	['weɪtlɪsnɪs]
zuurstof (de)	oxygen	['ɒksɪdʒən]

koppeling (de)	docking	['dɒkɪŋ]
koppeling maken	to dock (vi, vt)	[tə dɒk]

observatorium (het)	observatory	[əb'zɜːvətrɪ]
telescoop (de)	telescope	['telɪskəʊp]
waarnemen (ww)	to observe (vt)	[tə əb'zɜːv]
exploreren (ww)	to explore (vt)	[tə ɪk'splɔː(r)]

75. De Aarde

Aarde (de)	the Earth	[ðɪ ɜːθ]
aardbol (de)	globe	[gləʊb]
planeet (de)	planet	['plænɪt]

atmosfeer (de)	atmosphere	['ætmə,sfɪə(r)]
aardrijkskunde (de)	geography	[dʒɪ'ɒgrəfɪ]
natuur (de)	nature	['neɪtʃə(r)]

wereldbol (de)	globe	[gləʊb]
kaart (de)	map	[mæp]
atlas (de)	atlas	['ætləs]

Europa (het)	Europe	['jʊərəp]
Azië (het)	Asia	['eɪʒə]
Afrika (het)	Africa	['æfrɪkə]
Australië (het)	Australia	[ɒ'streɪljə]

Amerika (het)	America	[ə'merɪkə]
Noord-Amerika (het)	North America	[nɔːθ ə'merɪkə]
Zuid-Amerika (het)	South America	[saʊθ ə'merɪkə]

Antarctica (het)	Antarctica	[ænt'ɑːktɪkə]
Arctis (de)	the Arctic	[ðə 'ɑrktɪk]

76. Windrichtingen

noorden (het)	north	[nɔːθ]
naar het noorden	to the north	[tə ðə nɔːθ]

| in het noorden | in the north | [ɪn ðə nɔ:θ] |
| noordelijk (bn) | northern | [ˈnɔ:ðən] |

zuiden (het)	south	[saʊθ]
naar het zuiden	to the south	[tə ðə saʊθ]
in het zuiden	in the south	[ɪn ðə saʊθ]
zuidelijk (bn)	southern	[ˈsʌðən]

westen (het)	west	[west]
naar het westen	to the west	[tə ðə west]
in het westen	in the west	[ɪn ðə west]
westelijk (bn)	western	[ˈwestən]

oosten (het)	east	[i:st]
naar het oosten	to the east	[tə ðɪ i:st]
in het oosten	in the east	[ɪn ðɪ i:st]
oostelijk (bn)	eastern	[ˈi:stən]

77. Zee. Oceaan

zee (de)	sea	[si:]
oceaan (de)	ocean	[ˈəʊʃən]
golf (baai)	gulf	[gʌlf]
straat (de)	straits	[streɪts]

grond (vaste grond)	solid ground	[ˈsɒlɪd graʊnd]
continent (het)	continent	[ˈkɒntɪnənt]
eiland (het)	island	[ˈaɪlənd]
schiereiland (het)	peninsula	[pəˈnɪnsjʊlə]
archipel (de)	archipelago	[ˌɑ:kɪˈpeɪgəʊ]

baai, bocht (de)	bay	[beɪ]
haven (de)	harbor	[ˈhɑ:bə(r)]
lagune (de)	lagoon	[ləˈgu:n]
kaap (de)	cape	[keɪp]

atol (de)	atoll	[ˈætɒl]
rif (het)	reef	[ri:f]
koraal (het)	coral	[ˈkɒrəl]
koraalrif (het)	coral reef	[ˈkɒrəl ri:f]

diep (bn)	deep	[di:p]
diepte (de)	depth	[depθ]
diepzee (de)	abyss	[əˈbɪs]
trog (bijv. Marianentrog)	trench	[trentʃ]

| stroming (de) | current | [ˈkʌrənt] |
| omspoelen (ww) | to surround (vt) | [tə səˈraʊnd] |

| oever (de) | shore | [ʃɔ:(r)] |
| kust (de) | coast | [kəʊst] |

| vloed (de) | high tide | [haɪ taɪd] |
| eb (de) | low tide | [ləʊ taɪd] |

| ondiepte (ondiep water) | sandbank | ['sændbæŋk] |
| bodem (de) | bottom | ['bɒtəm] |

golf (hoge ~)	wave	[weɪv]
golfkam (de)	crest	[krest]
schuim (het)	froth	[frɒθ]

storm (de)	storm	[stɔːm]
orkaan (de)	hurricane	['hʌrɪkən]
tsunami (de)	tsunami	[tsuː'nɑːmɪ]
windstilte (de)	calm	[kɑːm]
kalm (bijv. ~e zee)	quiet, calm	['kwaɪət], [kɑːm]

| pool (de) | pole | [pəʊl] |
| polair (bn) | polar | ['pəʊlə(r)] |

breedtegraad (de)	latitude	['lætɪtjuːd]
lengtegraad (de)	longitude	['lɒndʒɪtjuːd]
parallel (de)	parallel	['pærəlel]
evenaar (de)	equator	[ɪ'kweɪtə(r)]

hemel (de)	sky	[skaɪ]
horizon (de)	horizon	[hə'raɪzən]
lucht (de)	air	[eə]

vuurtoren (de)	lighthouse	['laɪthaʊs]
duiken (ww)	to dive (vi)	[tə daɪv]
zinken (ov. een boot)	to sink (vi)	[tə sɪŋk]
schatten (mv.)	treasures	['treʒəz]

78. Namen van zeeën en oceanen

Atlantische Oceaan (de)	Atlantic Ocean	[ət'læntɪk 'əʊʃən]
Indische Oceaan (de)	Indian Ocean	['ɪndɪən 'əʊʃən]
Stille Oceaan (de)	Pacific Ocean	[pə'sɪfɪk 'əʊʃən]
Noordelijke IJszee (de)	Arctic Ocean	['ɑrktɪk 'əʊʃən]

Zwarte Zee (de)	Black Sea	[blæk siː]
Rode Zee (de)	Red Sea	[red siː]
Gele Zee (de)	Yellow Sea	[jeləʊ 'siː]
Witte Zee (de)	White Sea	[waɪt siː]

Kaspische Zee (de)	Caspian Sea	['kæspɪən siː]
Dode Zee (de)	Dead Sea	[ˌded 'siː]
Middellandse Zee (de)	Mediterranean Sea	[ˌmedɪtə'reɪnɪən siː]

| Egeïsche Zee (de) | Aegean Sea | [iː'dʒiːən siː] |
| Adriatische Zee (de) | Adriatic Sea | [ˌeɪdrɪ'ætɪk siː] |

Arabische Zee (de)	Arabian Sea	[ə'reɪbɪən siː]
Japanse Zee (de)	Sea of Japan	['siː əv dʒə'pæn]
Beringzee (de)	Bering Sea	['berɪŋ siː]
Zuid-Chinese Zee (de)	South China Sea	[saʊθ 'tʃaɪnə siː]
Koraalzee (de)	Coral Sea	['kɒrəl siː]

| Tasmanzee (de) | Tasman Sea | ['tæzmən si:] |
| Caribische Zee (de) | Caribbean Sea | ['kæ'rıbıən si:] |

| Barentszzee (de) | Barents Sea | ['bærənts si:] |
| Karische Zee (de) | Kara Sea | ['kɑːrə si:] |

Noordzee (de)	North Sea	[nɔ:θ si:]
Baltische Zee (de)	Baltic Sea	['bɔ:ltɪk si:]
Noorse Zee (de)	Norwegian Sea	[nɔ:'wi:dʒən si:]

79. Bergen

berg (de)	mountain	['maʊntɪn]
bergketen (de)	mountain range	['maʊntɪn reɪndʒ]
gebergte (het)	mountain ridge	['maʊntɪn rɪdʒ]

bergtop (de)	summit, top	['sʌmɪt], [tɒp]
bergpiek (de)	peak	[pi:k]
voet (ov. de berg)	foot	[fʊt]
helling (de)	slope	[sləʊp]

vulkaan (de)	volcano	[vɒl'kenəʊ]
actieve vulkaan (de)	active volcano	['æktɪv vɒl'kenəʊ]
uitgedoofde vulkaan (de)	dormant volcano	['dɔ:mənt vɒl'kenəʊ]

uitbarsting (de)	eruption	[ɪ'rʌpʃən]
krater (de)	crater	['kreɪtə(r)]
magma (het)	magma	['mægmə]
lava (de)	lava	['lɑ:və]
gloeiend (~e lava)	molten	['məʊltən]

kloof (canyon)	canyon	['kænjən]
bergkloof (de)	gorge	[gɔ:dʒ]
spleet (de)	crevice	['krevɪs]
afgrond (de)	abyss	[ə'bɪs]

bergpas (de)	pass, col	[pɑ:s], [kɒl]
plateau (het)	plateau	['plætəʊ]
klip (de)	cliff	[klɪf]
heuvel (de)	hill	[hɪl]

gletsjer (de)	glacier	['gleɪʃə(r)]
waterval (de)	waterfall	['wɔ:təfɔ:l]
geiser (de)	geyser	['gaɪzə(r)]
meer (het)	lake	[leɪk]

vlakte (de)	plain	[pleɪn]
landschap (het)	landscape	['lændskeɪp]
echo (de)	echo	['ekəʊ]

alpinist (de)	alpinist	['ælpɪnɪst]
bergbeklimmer (de)	rock climber	[rɒk 'klaɪmə(r)]
trotseren (berg ~)	conquer (vt)	['kɒŋkə(r)]
beklimming (de)	climb	[klaɪm]

80. Bergen namen

Alpen (de)	Alps	[ælps]
Mont Blanc (de)	Mont Blanc	[ˌmõ'blɑ̃]
Pyreneeën (de)	Pyrenees	[ˌpɪrə'niːz]
Karpaten (de)	Carpathians	[kɑː'peɪθɪənz]
Oeralgebergte (het)	Ural Mountains	['jʊərəl 'maʊntɪnz]
Kaukasus (de)	Caucasus	['kɔːkəsəs]
Elbroes (de)	Elbrus	[ˌelbə'ruːs]
Altaj (de)	Altai	[ˌɑːl'taɪ]
Tiensjan (de)	Tien Shan	[tjɛn'ʃaːn]
Pamir (de)	Pamir Mountains	[pə'mɪə 'maʊntɪnz]
Himalaya (de)	Himalayas	[ˌhɪmə'leɪəz]
Everest (de)	Everest	['evərɪst]
Andes (de)	Andes	['ændiːz]
Kilimanjaro (de)	Kilimanjaro	[ˌkɪlɪmən'dʒaːrəʊ]

81. Rivieren

rivier (de)	river	['rɪvə(r)]
bron (~ van een rivier)	spring	[sprɪŋ]
riverbedding (de)	riverbed	['rɪvəbed]
rivierbekken (het)	basin	['beɪsən]
uitmonden in …	to flow into …	[tə fləʊ 'ɪntʊ]
zijrivier (de)	tributary	['trɪbjʊtrɪ]
oever (de)	bank	[bæŋk]
stroming (de)	current, stream	['kʌrənt], [striːm]
stroomafwaarts (bw)	downstream	['daʊnˌstriːm]
stroomopwaarts (bw)	upstream	[ˌʌp'striːm]
overstroming (de)	inundation	[ˌɪnʌn'deɪʃən]
overstroming (de)	flooding	['flʌdɪŋ]
buiten zijn oevers treden	to overflow (vi)	[tə ˌəʊvə'fləʊ]
overstromen (ww)	to flood (vt)	[tə flʌd]
zandbank (de)	shallows	['ʃæləʊz]
stroomversnelling (de)	rapids	['ræpɪdz]
dam (de)	dam	[dæm]
kanaal (het)	canal	[kə'næl]
spaarbekken (het)	artificial lake	[ˌɑːtɪ'fɪʃəl leɪk]
sluis (de)	sluice, lock	[sluːs], [lɒk]
waterlichaam (het)	water body	['wɔːtə 'bɒdɪ]
moeras (het)	swamp, bog	[swɒmp], [bɒg]
broek (het)	marsh	[mɑːʃ]
draaikolk (de)	whirlpool	['wɜːlpuːl]
stroom (de)	stream	[striːm]

drink- (abn)	**drinking**	['drɪŋkɪŋ]
zoet (~ water)	**fresh**	[freʃ]

IJs (het)	**ice**	[aɪs]
bevriezen (rivier, enz.)	**to freeze over**	[tə fri:z 'əʊvə(r)]

82. Namen van rivieren

Seine (de)	**Seine**	[seɪn]
Loire (de)	**Loire**	[lwɑ:r]

Theems (de)	**Thames**	[temz]
Rijn (de)	**Rhine**	[raɪn]
Donau (de)	**Danube**	['dænju:b]

Wolga (de)	**Volga**	['vɒlgə]
Don (de)	**Don**	[dɒn]
Lena (de)	**Lena**	['leɪnə]

Gele Rivier (de)	**Yellow River**	[jeləʊ 'rɪvə(r)]
Blauwe Rivier (de)	**Yangtze**	['jæŋtsɪ]
Mekong (de)	**Mekong**	['mi:kɒŋ]
Ganges (de)	**Ganges**	['gændʒi:z]

Nijl (de)	**Nile River**	[naɪl 'rɪvə(r)]
Kongo (de)	**Congo**	['kɒŋgəʊ]
Okavango (de)	**Okavango**	[ˌɒkə'væŋgəʊ]
Zambezi (de)	**Zambezi**	[zæm'bi:zɪ]
Limpopo (de)	**Limpopo**	[lɪm'pəʊpəʊ]

83. Bos

bos (het)	**forest**	['fɒrɪst]
bos- (abn)	**forest**	['fɒrɪst]

oerwoud (dicht bos)	**thick forest**	[θɪk 'fɒrɪst]
bosje (klein bos)	**grove**	[grəʊv]
open plek (de)	**clearing**	['klɪərɪŋ]

struikgewas (het)	**thicket**	['θɪkɪt]
struiken (mv.)	**scrubland**	['skrʌblænd]

paadje (het)	**footpath**	['fʊtpɑ:θ]
ravijn (het)	**gully**	['gʌlɪ]

boom (de)	**tree**	[tri:]
blad (het)	**leaf**	[li:f]
gebladerte (het)	**leaves**	[li:vz]

vallende bladeren (mv.)	**fall of leaves**	[fɔ:l əv li:vz]
vallen (ov. de bladeren)	**to fall** (vi)	[tə fɔ:l]
boomtop (de)	**top**	[tɒp]

tak (de)	branch	[brɑːntʃ]
ent (de)	bough	[baʊ]
knop (de)	bud	[bʌd]
naald (de)	needle	['niːdəl]
dennenappel (de)	pine cone	[paɪn kəʊn]

boom holte (de)	hollow	['hɒləʊ]
nest (het)	nest	[nest]
hol (het)	burrow, animal hole	['bʌrəʊ], ['ænɪməl həʊl]

stam (de)	trunk	[trʌŋk]
wortel (bijv. boom~s)	root	[ruːt]
schors (de)	bark	[bɑːk]
mos (het)	moss	[mɒs]

ontwortelen (een boom)	to uproot (vt)	[tə ˌʌp'ruːt]
kappen (een boom ~)	to chop down	[tə tʃɒp daʊn]
ontbossen (ww)	to deforest (vt)	[tə ˌdiːˈfɒrɪst]
stronk (de)	tree stump	[triː stʌmp]

kampvuur (het)	campfire	['kæmpˌfaɪə(r)]
bosbrand (de)	forest fire	['fɒrɪst 'faɪə(r)]
blussen (ww)	to extinguish (vt)	[tə ɪk'stɪŋgwɪʃ]

boswachter (de)	forest ranger	['fɒrɪst 'reɪndʒə]
bescherming (de)	protection	[prə'tekʃən]
beschermen	to protect (vt)	[tə prə'tekt]
(bijv. de natuur ~)		
stroper (de)	poacher	['pəʊtʃə(r)]
val (de)	trap	[træp]

| plukken (vruchten, enz.) | to gather, to pick (vt) | [tə 'gæðə(r)], [tə pɪk] |
| verdwalen (de weg kwijt zijn) | to lose one's way | [tə luːz wʌnz weɪ] |

84. Natuurlijke hulpbronnen

natuurlijke rijkdommen (mv.)	natural resources	['nætʃərəl rɪ'sɔːsɪz]
delfstoffen (mv.)	minerals	['mɪnərəlz]
lagen (mv.)	deposits	[dɪ'pɒzɪts]
veld (bijv. olie~)	field	[fiːld]

winnen (uit erts ~)	to mine (vt)	[tə maɪn]
winning (de)	mining	['maɪnɪŋ]
erts (het)	ore	[ɔː(r)]
mijn (bijv. kolenmijn)	mine	[maɪn]
mijnschacht (de)	mine shaft, pit	[maɪn ʃɑːft], [pɪt]
mijnwerker (de)	miner	['maɪnə(r)]

| gas (het) | gas | [gæs] |
| gasleiding (de) | gas pipeline | [gæs 'paɪplaɪn] |

olie (aardolie)	oil, petroleum	[ɔɪl], [pɪ'trəʊlɪəm]
olieleiding (de)	oil pipeline	[ɔɪl 'paɪplaɪn]
oliebron (de)	oil well	[ɔɪl wel]

| boortoren (de) | derrick | ['derɪk] |
| tanker (de) | tanker | ['tæŋkə(r)] |

zand (het)	sand	[sænd]
kalksteen (de)	limestone	['laɪmstəʊn]
grind (het)	gravel	['grævəl]
veen (het)	peat	[pi:t]
klei (de)	clay	[kleɪ]
steenkool (de)	coal	[kəʊl]

IJzer (het)	iron	['aɪrən]
goud (het)	gold	[gəʊld]
zilver (het)	silver	['sɪlvə(r)]
nikkel (het)	nickel	['nɪkəl]
koper (het)	copper	['kɒpə(r)]

zink (het)	zinc	[zɪŋk]
mangaan (het)	manganese	['mæŋgəni:z]
kwik (het)	mercury	['mɜːkjʊrɪ]
lood (het)	lead	[led]

mineraal (het)	mineral	['mɪnərəl]
kristal (het)	crystal	['krɪstəl]
marmer (het)	marble	['mɑːbəl]
uraan (het)	uranium	[jʊ'reɪnjəm]

85. Weer

weer (het)	weather	['weðə(r)]
weersvoorspelling (de)	weather forecast	['weðə 'fɔːkɑːst]
temperatuur (de)	temperature	['temprətʃə(r)]
thermometer (de)	thermometer	[θə'mɒmɪtə(r)]
barometer (de)	barometer	[bə'rɒmɪtə(r)]

vochtig (bn)	humid	['hju:mɪd]
vochtigheid (de)	humidity	[hju:'mɪdətɪ]
hitte (de)	heat	[hi:t]
heet (bn)	hot, torrid	[hɒt], ['tɒrɪd]
het is heet	it's hot	[ɪts hɒt]

| het is warm | it's warm | [ɪts wɔːm] |
| warm (bn) | warm | [wɔːm] |

| het is koud | it's cold | [ɪts kəʊld] |
| koud (bn) | cold | [kəʊld] |

zon (de)	sun	[sʌn]
schijnen (de zon)	to shine (vi)	[tə ʃaɪn]
zonnig (~e dag)	sunny	['sʌnɪ]
opgaan (ov. de zon)	to come up (vi)	[tə kʌm ʌp]
ondergaan (ww)	to set (vi)	[tə set]

| wolk (de) | cloud | [klaʊd] |
| bewolkt (bn) | cloudy | ['klaʊdɪ] |

regenwolk (de)	rain cloud	[reɪn klaʊd]
somber (bn)	somber	[ˈsɒmbə(r)]

regen (de)	rain	[reɪn]
het regent	it's raining	[ɪts ˈreɪnɪŋ]
regenachtig (bn)	rainy	[ˈreɪnɪ]
motregenen (ww)	to drizzle (vi)	[tə ˈdrɪzəl]

plensbui (de)	pouring rain	[ˈpɔːrɪŋ reɪn]
stortbui (de)	downpour	[ˈdaʊnpɔː(r)]
hard (bn)	heavy	[ˈhevɪ]
plas (de)	puddle	[ˈpʌdəl]
nat worden (ww)	to get wet	[tə get wet]

mist (de)	fog, mist	[fɒg], [mɪst]
mistig (bn)	foggy	[ˈfɒgɪ]
sneeuw (de)	snow	[snəʊ]
het sneeuwt	it's snowing	[ɪts snəʊɪŋ]

86. Zwaar weer. Natuurrampen

noodweer (storm)	thunderstorm	[ˈθʌndəstɔːm]
bliksem (de)	lightning	[ˈlaɪtnɪŋ]
flitsen (ww)	to flash (vi)	[tə flæʃ]

donder (de)	thunder	[ˈθʌndə(r)]
donderen (ww)	to thunder (vi)	[tə ˈθʌndə(r)]
het dondert	it's thundering	[ɪts ˈθʌndərɪŋ]

hagel (de)	hail	[heɪl]
het hagelt	it's hailing	[ɪts heɪlɪŋ]

overstromen (ww)	to flood (vt)	[tə flʌd]
overstroming (de)	flood	[flʌd]

aardbeving (de)	earthquake	[ˈɜːθkweɪk]
aardschok (de)	tremor, quake	[ˈtremə(r)], [kweɪk]
epicentrum (het)	epicenter	[ˈepɪsentə(r)]

uitbarsting (de)	eruption	[ɪˈrʌpʃən]
lava (de)	lava	[ˈlɑːvə]

wervelwind (de)	twister	[ˈtwɪstə(r)]
tyfoon (de)	typhoon	[taɪˈfuːn]

orkaan (de)	hurricane	[ˈhʌrɪkən]
storm (de)	storm	[stɔːm]
tsunami (de)	tsunami	[tsuːˈnɑːmɪ]

cycloon (de)	cyclone	[ˈsaɪkləʊn]
onweer (het)	bad weather	[bæd ˈweðə(r)]
brand (de)	fire	[ˈfaɪə(r)]
ramp (de)	disaster	[dɪˈzɑːstə(r)]
meteoriet (de)	meteorite	[ˈmiːtjəraɪt]

lawine (de)	avalanche	['ævəlɑ:nʃ]
sneeuwverschuiving (de)	snowslide	['snəʊslaɪd]
sneeuwjacht (de)	blizzard	['blɪzəd]
sneeuwstorm (de)	snowstorm	['snəʊstɔ:m]

FAUNA

87. Zoogdieren. Roofdieren

roofdier (het)	**predator**	['predətə(r)]
tijger (de)	**tiger**	['taɪgə(r)]
leeuw (de)	**lion**	['laɪən]
wolf (de)	**wolf**	[wʊlf]
vos (de)	**fox**	[fɒks]
jaguar (de)	**jaguar**	['dʒægjʊə(r)]
luipaard (de)	**leopard**	['lepəd]
jachtluipaard (de)	**cheetah**	['tʃiːtə]
panter (de)	**black panther**	[blæk 'pænθə(r)]
poema (de)	**puma**	['pjuːmə]
sneeuwluipaard (de)	**snow leopard**	[snəʊ 'lepəd]
lynx (de)	**lynx**	[lɪnks]
coyote (de)	**coyote**	[kɔɪ'əʊtɪ]
jakhals (de)	**jackal**	['dʒækəl]
hyena (de)	**hyena**	[haɪ'iːnə]

88. Wilde dieren

dier (het)	**animal**	['ænɪməl]
beest (het)	**beast**	[biːst]
eekhoorn (de)	**squirrel**	['skwɜːrəl]
egel (de)	**hedgehog**	['hedʒhɒg]
haas (de)	**hare**	[heə(r)]
konijn (het)	**rabbit**	['ræbɪt]
das (de)	**badger**	['bædʒə(r)]
wasbeer (de)	**raccoon**	[rə'kuːn]
hamster (de)	**hamster**	['hæmstə(r)]
marmot (de)	**marmot**	['mɑːmət]
mol (de)	**mole**	[məʊl]
muis (de)	**mouse**	[maʊs]
rat (de)	**rat**	[ræt]
vleermuis (de)	**bat**	[bæt]
hermelijn (de)	**ermine**	['ɜːmɪn]
sabeldier (het)	**sable**	['seɪbəl]
marter (de)	**marten**	['mɑːtɪn]
wezel (de)	**weasel**	['wiːzəl]
nerts (de)	**mink**	[mɪŋk]

bever (de)	**beaver**	['biːvə(r)]
otter (de)	**otter**	['ɒtə(r)]
paard (het)	**horse**	[hɔːs]
eland (de)	**moose**	[muːs]
hert (het)	**deer**	[dɪə(r)]
kameel (de)	**camel**	['kæməl]
bizon (de)	**bison**	['baɪsən]
oeros (de)	**aurochs**	['ɔːrɒks]
buffel (de)	**buffalo**	['bʌfələʊ]
zebra (de)	**zebra**	['ziːbrə]
antilope (de)	**antelope**	['æntɪləʊp]
ree (de)	**roe deer**	[rəʊ dɪə(r)]
damhert (het)	**fallow deer**	['fæləʊ dɪə(r)]
gems (de)	**chamois**	['ʃæmwɑː]
everzwijn (het)	**wild boar**	[ˌwaɪld 'bɔː(r)]
walvis (de)	**whale**	[weɪl]
rob (de)	**seal**	[siːl]
walrus (de)	**walrus**	['wɔːlrəs]
zeehond (de)	**fur seal**	['fɜːˌsiːl]
dolfijn (de)	**dolphin**	['dɒlfɪn]
beer (de)	**bear**	[beə]
IJsbeer (de)	**polar bear**	['pəʊlə ˌbeə(r)]
panda (de)	**panda**	['pændə]
aap (de)	**monkey**	['mʌŋkɪ]
chimpansee (de)	**chimpanzee**	[ˌtʃɪmpæn'ziː]
orang-oetan (de)	**orangutan**	[ɒˌræŋuː'tæn]
gorilla (de)	**gorilla**	[gə'rɪlə]
makaak (de)	**macaque**	[mə'kɑːk]
gibbon (de)	**gibbon**	['gɪbən]
olifant (de)	**elephant**	['elɪfənt]
neushoorn (de)	**rhinoceros**	[raɪ'nɒsərəs]
giraffe (de)	**giraffe**	[dʒɪ'rɑːf]
nijlpaard (het)	**hippopotamus**	[ˌhɪpə'pɒtəməs]
kangoeroe (de)	**kangaroo**	[ˌkæŋgə'ruː]
koala (de)	**koala**	[kəʊ'ɑːlə]
mangoest (de)	**mongoose**	['mɒŋguːs]
chinchilla (de)	**chinchilla**	[ˌtʃɪn'tʃɪlə]
stinkdier (het)	**skunk**	[skʌŋk]
stekelvarken (het)	**porcupine**	['pɔːkjʊpaɪn]

89. Huisdieren

poes (de)	**cat**	[kæt]
kater (de)	**tomcat**	['tɒmkæt]
hond (de)	**dog**	[dɒg]

paard (het)	horse	[hɔːs]
hengst (de)	stallion	['stælɪən]
merrie (de)	mare	[meə(r)]

koe (de)	cow	[kaʊ]
stier (de)	bull	[bʊl]
os (de)	ox	[ɒks]

schaap (het)	sheep	[ʃiːp]
ram (de)	ram	[ræm]
geit (de)	goat	[gəʊt]
bok (de)	he-goat	['hiː gəʊt]

| ezel (de) | donkey | ['dɒŋkɪ] |
| muilezel (de) | mule | [mjuːl] |

varken (het)	pig	[pɪg]
biggetje (het)	piglet	['pɪglɪt]
konijn (het)	rabbit	['ræbɪt]

| kip (de) | hen | [hen] |
| haan (de) | rooster | ['ruːstə(r)] |

eend (de)	duck	[dʌk]
woerd (de)	drake	[dreɪk]
gans (de)	goose	[guːs]

| kalkoen haan (de) | tom turkey | [tɒm 'tɜːkɪ] |
| kalkoen (de) | turkey | ['tɜːkɪ] |

huisdieren (mv.)	domestic animals	[də'mestɪk 'ænɪməlz]
tam (bijv. hamster)	tame	[teɪm]
temmen (tam maken)	to tame (vt)	[tə teɪm]
fokken (bijv. paarden ~)	to breed (vt)	[tə briːd]

boerderij (de)	farm	[fɑːm]
gevogelte (het)	poultry	['pəʊltrɪ]
rundvee (het)	cattle	['kætəl]
kudde (de)	herd	[hɜːd]

paardenstal (de)	stable	['steɪbəl]
zwijnenstal (de)	pigsty	['pɪgstaɪ]
koeienstal (de)	cowshed	['kaʊʃed]
konijnenhok (het)	rabbit hutch	['ræbɪt ˌhʌtʃ]
kippenhok (het)	hen house	['henˌhaʊs]

90. Vogels

vogel (de)	bird	[bɜːd]
duif (de)	pigeon	['pɪdʒɪn]
mus (de)	sparrow	['spærəʊ]
koolmees (de)	tit	[tɪt]
ekster (de)	magpie	['mægpaɪ]
raaf (de)	raven	['reɪvən]

kraai (de)	crow	[krəʊ]
kauw (de)	jackdaw	['dʒækdɔ:]
roek (de)	rook	[rʊk]
eend (de)	duck	[dʌk]
gans (de)	goose	[gu:s]
fazant (de)	pheasant	['fezənt]
arend (de)	eagle	['i:gəl]
havik (de)	hawk	[hɔ:k]
valk (de)	falcon	['fɔ:lkən]
gier (de)	vulture	['vʌltʃə]
condor (de)	condor	['kɒndɔ:(r)]
zwaan (de)	swan	[swɒn]
kraanvogel (de)	crane	[kreɪn]
ooievaar (de)	stork	[stɔ:k]
papegaai (de)	parrot	['pærət]
kolibrie (de)	hummingbird	['hʌmɪŋˌbɜ:d]
pauw (de)	peacock	['pi:kɒk]
struisvogel (de)	ostrich	['ɒstrɪtʃ]
reiger (de)	heron	['herən]
flamingo (de)	flamingo	[fləˈmɪŋgəʊ]
pelikaan (de)	pelican	['pelɪkən]
nachtegaal (de)	nightingale	['naɪtɪŋgeɪl]
zwaluw (de)	swallow	['swɒləʊ]
lijster (de)	thrush	[θrʌʃ]
zanglijster (de)	song thrush	[sɒŋ θrʌʃ]
merel (de)	blackbird	['blækˌbɜ:d]
gierzwaluw (de)	swift	[swɪft]
leeuwerik (de)	lark	[lɑ:k]
kwartel (de)	quail	[kweɪl]
specht (de)	woodpecker	['wʊdˌpekə(r)]
koekoek (de)	cuckoo	['kʊku:]
uil (de)	owl	[aʊl]
oehoe (de)	eagle owl	['i:gəl aʊl]
auerhoen (het)	wood grouse	[wʊd graʊs]
korhoen (het)	black grouse	[blæk graʊs]
patrijs (de)	partridge	['pɑ:trɪdʒ]
spreeuw (de)	starling	['stɑ:lɪŋ]
kanarie (de)	canary	[kəˈneərɪ]
hazelhoen (het)	hazel grouse	['heɪzəl graʊs]
vink (de)	chaffinch	['tʃæfɪntʃ]
goudvink (de)	bullfinch	['bʊlfɪntʃ]
meeuw (de)	seagull	['si:gʌl]
albatros (de)	albatross	['ælbətrɒs]
pinguïn (de)	penguin	['peŋgwɪn]

91. Vis. Zeedieren

brasem (de)	bream	[bri:m]
karper (de)	carp	[kɑ:p]
baars (de)	perch	[pɜ:tʃ]
meerval (de)	catfish	[ˈkætfɪʃ]
snoek (de)	pike	[paɪk]

zalm (de)	salmon	[ˈsæmən]
steur (de)	sturgeon	[ˈstɜ:dʒən]

haring (de)	herring	[ˈherɪŋ]
atlantische zalm (de)	Atlantic salmon	[ətˈlæntɪk ˈsæmən]
makreel (de)	mackerel	[ˈmækərəl]
platvis (de)	flatfish	[ˈflætfɪʃ]

snoekbaars (de)	pike perch	[paɪk pɜ:tʃ]
kabeljauw (de)	cod	[kɒd]
tonijn (de)	tuna	[ˈtu:nə]
forel (de)	trout	[traʊt]

paling (de)	eel	[i:l]
sidderrog (de)	electric ray	[ɪˈlektrɪk reɪ]
murene (de)	moray eel	[ˈmɒreɪ i:l]
piranha (de)	piranha	[pɪˈrɑ:nə]

haai (de)	shark	[ʃɑ:k]
dolfijn (de)	dolphin	[ˈdɒlfɪn]
walvis (de)	whale	[weɪl]

krab (de)	crab	[kræb]
kwal (de)	jellyfish	[ˈdʒelɪfɪʃ]
octopus (de)	octopus	[ˈɒktəpəs]

zeester (de)	starfish	[ˈstɑ:fɪʃ]
zee-egel (de)	sea urchin	[si: ˈɜ:tʃin]
zeepaardje (het)	seahorse	[ˈsi:hɔ:s]

oester (de)	oyster	[ˈɔɪstə(r)]
garnaal (de)	shrimp	[ʃrɪmp]
kreeft (de)	lobster	[ˈlɒbstə(r)]
langoest (de)	spiny lobster	[ˈspaɪnɪ ˈlɒbstə(r)]

92. Amfibieën. Reptielen

slang (de)	snake	[sneɪk]
giftig (slang)	venomous	[ˈvenəməs]

adder (de)	viper	[ˈvaɪpə(r)]
cobra (de)	cobra	[ˈkəʊbrə]
python (de)	python	[ˈpaɪθən]
boa (de)	boa	[ˈbəʊə]
ringslang (de)	grass snake	[ˈgrɑ:sˌsneɪk]

| ratelslang (de) | rattle snake | ['rætəl sneɪk] |
| anaconda (de) | anaconda | [ænə'kɒndə] |

hagedis (de)	lizard	['lɪzəd]
leguaan (de)	iguana	[ɪ'gwɑ:nə]
varaan (de)	monitor lizard	['mɒnɪtə 'lɪzəd]
salamander (de)	salamander	['sælə,mændə(r)]
kameleon (de)	chameleon	[kə'mi:lɪən]
schorpioen (de)	scorpion	['skɔ:pɪən]

schildpad (de)	turtle	['tɜ:təl]
kikker (de)	frog	[frɒg]
pad (de)	toad	[təʊd]
krokodil (de)	crocodile	['krɒkədaɪl]

93. Insecten

insect (het)	insect, bug	['ɪnsekt], [bʌg]
vlinder (de)	butterfly	['bʌtəflaɪ]
mier (de)	ant	[ænt]
vlieg (de)	fly	[flaɪ]
mug (de)	mosquito	[mə'ski:təʊ]
kever (de)	beetle	['bi:təl]

wesp (de)	wasp	[wɒsp]
bij (de)	bee	[bi:]
hommel (de)	bumblebee	['bʌmbəlbi:]
horzel (de)	gadfly	['gædflaɪ]

| spin (de) | spider | ['spaɪdə(r)] |
| spinnenweb (het) | spider's web | ['spaɪdəz web] |

libel (de)	dragonfly	['drægənflaɪ]
sprinkhaan (de)	grasshopper	['grɑ:s,hɒpə(r)]
nachtvlinder (de)	moth	[mɒθ]

kakkerlak (de)	cockroach	['kɒkrəʊtʃ]
mijt (de)	tick	[tɪk]
vlo (de)	flea	[fli:]
kriebelmug (de)	midge	[mɪdʒ]

treksprinkhaan (de)	locust	['ləʊkəst]
slak (de)	snail	[sneɪl]
krekel (de)	cricket	['krɪkɪt]
glimworm (de)	lightning bug	['laɪtnɪŋ bʌg]
lieveheersbeestje (het)	ladybug	['leɪdɪbʌg]
meikever (de)	cockchafer	['kɒk,tʃeɪfə(r)]

bloedzuiger (de)	leech	[li:tʃ]
rups (de)	caterpillar	['kætəpɪlə(r)]
aardworm (de)	earthworm	['ɜ:θwɜ:m]
larve (de)	larva	['lɑ:və]

FLORA

94. Bomen

boom (de)	**tree**	[triː]
loof- (abn)	**deciduous**	[dɪˈsɪdjʊəs]
dennen- (abn)	**coniferous**	[kəˈnɪfərəs]
groenblijvend (bn)	**evergreen**	[ˈevəgriːn]
appelboom (de)	**apple tree**	[ˈæpəl ˌtriː]
perenboom (de)	**pear tree**	[ˈpeə ˌtriː]
pruimelaar (de)	**plum tree**	[ˈplʌm triː]
berk (de)	**birch**	[bɜːtʃ]
eik (de)	**oak**	[əʊk]
linde (de)	**linden tree**	[ˈlɪndən triː]
esp (de)	**aspen**	[ˈæspən]
esdoorn (de)	**maple**	[ˈmeɪpəl]
spar (de)	**spruce**	[spruːs]
den (de)	**pine**	[paɪn]
lariks (de)	**larch**	[lɑːtʃ]
zilverspar (de)	**fir**	[fɜː(r)]
ceder (de)	**cedar**	[ˈsiːdə(r)]
populier (de)	**poplar**	[ˈpɒplə(r)]
lijsterbes (de)	**rowan**	[ˈrəʊən]
wilg (de)	**willow**	[ˈwɪləʊ]
els (de)	**alder**	[ˈɔːldə(r)]
beuk (de)	**beech**	[biːtʃ]
iep (de)	**elm**	[elm]
es (de)	**ash**	[æʃ]
kastanje (de)	**chestnut**	[ˈtʃesnʌt]
magnolia (de)	**magnolia**	[mægˈnəʊlɪə]
palm (de)	**palm tree**	[pɑːm triː]
cipres (de)	**cypress**	[ˈsaɪprəs]
mangrove (de)	**mangrove**	[ˈmæŋgrəʊv]
baobab (apenbroodboom)	**baobab**	[ˈbeɪəʊˌbæb]
eucalyptus (de)	**eucalyptus**	[ˌjuːkəˈlɪptəs]
mammoetboom (de)	**sequoia**	[sɪˈkwɔɪə]

95. Heesters

struik (de)	**bush**	[bʊʃ]
heester (de)	**shrub**	[ʃrʌb]

| wijnstok (de) | grapevine | ['greɪpvaɪn] |
| wijngaard (de) | vineyard | ['vɪnjəd] |

frambozenstruik (de)	raspberry bush	['rɑːzbərɪ bʊʃ]
rode bessenstruik (de)	redcurrant bush	['redkʌrənt bʊʃ]
kruisbessenstruik (de)	gooseberry bush	['gʊzbərɪ ˌbʊʃ]

acacia (de)	acacia	[ə'keɪʃə]
zuurbes (de)	barberry	['bɑːbərɪ]
jasmijn (de)	jasmine	['dʒæzmɪn]

jeneverbes (de)	juniper	['dʒuːnɪpə(r)]
rozenstruik (de)	rosebush	['rəʊzbʊʃ]
hondsroos (de)	dog rose	['dɒg ˌrəʊz]

96. Vruchten. Bessen

vrucht (de)	fruit	[fruːt]
vruchten (mv.)	fruits	[fruːts]
appel (de)	apple	['æpəl]
peer (de)	pear	[peə(r)]
pruim (de)	plum	[plʌm]
aardbei (de)	strawberry	['strɔːbərɪ]
druif (de)	grape	[greɪp]

framboos (de)	raspberry	['rɑːzbərɪ]
zwarte bes (de)	blackcurrant	[ˌblæk'kʌrənt]
rode bes (de)	redcurrant	['redkʌrənt]
kruisbes (de)	gooseberry	['gʊzbərɪ]
veenbes (de)	cranberry	['krænbərɪ]
sinaasappel (de)	orange	['ɒrɪndʒ]
mandarijn (de)	mandarin	['mændərɪn]
ananas (de)	pineapple	['paɪnˌæpəl]
banaan (de)	banana	[bə'nɑːnə]
dadel (de)	date	[deɪt]

citroen (de)	lemon	['lemən]
abrikoos (de)	apricot	['eɪprɪkɒt]
perzik (de)	peach	[piːtʃ]
kiwi (de)	kiwi	['kiːwiː]
grapefruit (de)	grapefruit	['greɪpfruːt]

bes (de)	berry	['berɪ]
bessen (mv.)	berries	['berɪːz]
vossenbes (de)	cowberry	['kaʊberɪ]
bosaardbei (de)	field strawberry	[ˌfiːld 'strɔːbərɪ]
bosbes (de)	bilberry	['bɪlbərɪ]

97. Bloemen. Planten

| bloem (de) | flower | ['flaʊə(r)] |
| boeket (het) | bouquet | [bʊ'keɪ] |

roos (de)	rose	[rəʊz]
tulp (de)	tulip	['tju:lɪp]
anjer (de)	carnation	[kɑ:'neɪʃən]
gladiool (de)	gladiolus	[ˌglædɪ'əʊləs]
korenbloem (de)	cornflower	['kɔ:nflaʊə(r)]
klokje (het)	bluebell	['blu:bel]
paardenbloem (de)	dandelion	['dændɪlaɪən]
kamille (de)	camomile	['kæməmaɪl]
aloë (de)	aloe	['æləʊ]
cactus (de)	cactus	['kæktəs]
ficus (de)	rubber plant, ficus	['rʌbə plɑ:nt], ['faɪkəs]
lelie (de)	lily	['lɪlɪ]
geranium (de)	geranium	[dʒɪ'reɪnjəm]
hyacint (de)	hyacinth	['haɪəsɪnθ]
mimosa (de)	mimosa	[mɪ'məʊzə]
narcis (de)	narcissus	[nɑ:'sɪsəs]
Oostindische kers (de)	nasturtium	[nəs'tɜ:ʃəm]
orchidee (de)	orchid	['ɔ:kɪd]
pioenroos (de)	peony	['pi:ənɪ]
viooltje (het)	violet	['vaɪələt]
driekleurig viooltje (het)	pansy	['pænzɪ]
vergeet-mij-nietje (het)	forget-me-not	[fə'get mi ˌnɒt]
madeliefje (het)	daisy	['deɪzɪ]
papaver (de)	poppy	['pɒpɪ]
hennep (de)	hemp	[hemp]
munt (de)	mint	[mɪnt]
lelietje-van-dalen (het)	lily of the valley	['lɪlɪ əv ðə 'vælɪ]
sneeuwklokje (het)	snowdrop	['snəʊdrɒp]
brandnetel (de)	nettle	['netəl]
veldzuring (de)	sorrel	['sɒrəl]
waterlelie (de)	water lily	['wɔ:tə 'lɪlɪ]
varen (de)	fern	[fɜ:n]
korstmos (het)	lichen	['laɪkən]
oranjerie (de)	tropical greenhouse	['trɒpɪkəl 'gri:nhaʊs]
gazon (het)	lawn	[lɔ:n]
bloemperk (het)	flowerbed	['flaʊəbed]
plant (de)	plant	[plɑ:nt]
gras (het)	grass	[grɑ:s]
grasspriet (de)	blade of grass	[bleɪd əv grɑ:s]
blad (het)	leaf	[li:f]
bloemblad (het)	petal	['petəl]
stengel (de)	stem	[stem]
knol (de)	tuber	['tju:bə(r)]
scheut (de)	young plant	[jʌŋ plɑ:nt]

doorn (de)	thorn	[θɔːn]
bloeien (ww)	to blossom (vi)	[tə 'blɒsəm]
verwelken (ww)	to fade (vi)	[tə feɪd]
geur (de)	smell	[smel]
snijden (bijv. bloemen ~)	to cut (vt)	[tə kʌt]
plukken (bloemen ~)	to pick (vt)	[tə pɪk]

98. Granen, graankorrels

graan (het)	grain	[greɪn]
graangewassen (mv.)	cereal crops	['sɪərɪəl krɒps]
aar (de)	ear	[ɪə(r)]

tarwe (de)	wheat	[wiːt]
rogge (de)	rye	[raɪ]
haver (de)	oats	[əʊts]
gierst (de)	millet	['mɪlɪt]
gerst (de)	barley	['bɑːlɪ]

maïs (de)	corn	[kɔːn]
rijst (de)	rice	[raɪs]
boekweit (de)	buckwheat	['bʌkwiːt]

erwt (de)	pea	[piː]
boon (de)	kidney bean	['kɪdnɪ biːn]
soja (de)	soy	[sɔɪ]
linze (de)	lentil	['lentɪl]
bonen (mv.)	beans	[biːnz]

LANDEN VAN DE WERELD

99. Landen. Deel 1

Afghanistan (het)	**Afghanistan**	[æf'gænɪ,stæn]
Albanië (het)	**Albania**	[æl'beɪnɪə]
Argentinië (het)	**Argentina**	[,ɑ:dʒən'ti:nə]
Armenië (het)	**Armenia**	[ɑ:'mi:nɪə]
Australië (het)	**Australia**	[ɒ'streɪljə]
Azerbeidzjan (het)	**Azerbaijan**	[,æzəbaɪ'dʒɑ:n]

Bahama's (mv.)	**The Bahamas**	[ðə bə'hɑ:məz]
Bangladesh (het)	**Bangladesh**	[,bæŋgləˈdeʃ]
België (het)	**Belgium**	['beldʒəm]
Bolivia (het)	**Bolivia**	[bə'lɪvɪə]
Bosnië en Herzegovina (het)	**Bosnia-Herzegovina**	['bɒznɪə ,heətsəgə'vi:nə]
Brazilië (het)	**Brazil**	[brə'zɪl]
Bulgarije (het)	**Bulgaria**	[bʌl'geərɪə]

Cambodja (het)	**Cambodia**	[kæm'bəudjə]
Canada (het)	**Canada**	['kænədə]
Chili (het)	**Chile**	['tʃɪlɪ]
China (het)	**China**	['tʃaɪnə]
Colombia (het)	**Colombia**	[kə'lɒmbɪə]
Cuba (het)	**Cuba**	['kju:bə]
Cyprus (het)	**Cyprus**	['saɪprəs]

Denemarken (het)	**Denmark**	['denmɑ:k]
Dominicaanse Republiek (de)	**Dominican Republic**	[də'mɪnɪkən rɪ'pʌblɪk]
Duitsland (het)	**Germany**	['dʒɜ:mənɪ]
Ecuador (het)	**Ecuador**	['ekwədɔ:(r)]
Egypte (het)	**Egypt**	['i:dʒɪpt]
Engeland (het)	**England**	['ɪŋglənd]

Estland (het)	**Estonia**	[e'stəunjə]
Finland (het)	**Finland**	['fɪnlənd]
Frankrijk (het)	**France**	[frɑ:ns]
Frans-Polynesië	**French Polynesia**	[frentʃ ,pɒlɪ'ni:zjə]
Georgië (het)	**Georgia**	['dʒɔ:dʒə]
Ghana (het)	**Ghana**	['gɑ:nə]

Griekenland (het)	**Greece**	[gri:s]
Groot-Brittannië (het)	**Great Britain**	[greɪt 'brɪtən]
Haïti (het)	**Haiti**	['heɪtɪ]
Hongarije (het)	**Hungary**	['hʌŋgərɪ]
Ierland (het)	**Ireland**	['aɪələnd]
IJsland (het)	**Iceland**	['aɪslənd]

India (het)	**India**	['ɪndɪə]
Indonesië (het)	**Indonesia**	[,ɪndə'ni:zjə]

Irak (het)	Iraq	[ɪ'rɑːk]
Iran (het)	Iran	[ɪ'rɑːn]
Israël (het)	Israel	['ɪzreɪəl]
Italië (het)	Italy	['ɪtəlɪ]

100. Landen. Deel 2

Jamaica (het)	Jamaica	[dʒə'meɪkə]
Japan (het)	Japan	[dʒə'pæn]
Jordanië (het)	Jordan	['dʒɔːdən]
Kazakstan (het)	Kazakhstan	[ˌkæzæk'stɑːn]
Kenia (het)	Kenya	['kenjə]
Kirgizië (het)	Kirghizia	[kɜːˈgɪzɪə]
Koeweit (het)	Kuwait	[kʊ'weɪt]

Kroatië (het)	Croatia	[krəʊ'eɪʃə]
Laos (het)	Laos	[laʊs]
Letland (het)	Latvia	['lætvɪə]
Libanon (het)	Lebanon	['lebənən]
Libië (het)	Libya	['lɪbɪə]
Liechtenstein (het)	Liechtenstein	['lɪktənstaɪn]
Litouwen (het)	Lithuania	[ˌlɪθjʊ'eɪnjə]

Luxemburg (het)	Luxembourg	['lʌksəmbɜːg]
Macedonië (het)	Macedonia	[ˌmæsɪ'dəʊnɪə]
Madagaskar (het)	Madagascar	[ˌmædə'gæskə(r)]
Maleisië (het)	Malaysia	[mə'leɪzɪə]
Malta (het)	Malta	['mɔːltə]
Marokko (het)	Morocco	[mə'rɒkəʊ]
Mexico (het)	Mexico	['meksɪkəʊ]

Moldavië (het)	Moldavia	[mɒl'deɪvɪə]
Monaco (het)	Monaco	['mɒnəkəʊ]
Mongolië (het)	Mongolia	[mɒn'gəʊlɪə]
Montenegro (het)	Montenegro	[ˌmɒntɪ'niːgrəʊ]
Myanmar (het)	Myanmar	[ˌmaɪæn'mɑː(r)]
Namibië (het)	Namibia	[nə'mɪbɪə]
Nederland (het)	Netherlands	['neðələndz]

Nepal (het)	Nepal	[nɪ'pɔːl]
Nieuw-Zeeland (het)	New Zealand	[nju: 'ziːlənd]
Noord-Korea (het)	North Korea	[nɔːθ kə'rɪə]
Noorwegen (het)	Norway	['nɔːweɪ]
Oekraïne (het)	Ukraine	[ju:'kreɪn]
Oezbekistan (het)	Uzbekistan	[ʊzˌbekɪ'stɑːn]
Oostenrijk (het)	Austria	['ɒstrɪə]

101. Landen. Deel 3

Pakistan (het)	Pakistan	['pækɪstæn]
Palestijnse autonomie (de)	Palestine	['pæleˌstaɪn]
Panama (het)	Panama	['pænəmɑː]

Paraguay (het)	**Paraguay**	[ˈpærəgwaɪ]
Peru (het)	**Peru**	[pəˈruː]
Polen (het)	**Poland**	[ˈpəʊlənd]
Portugal (het)	**Portugal**	[ˈpɔːtʃʊgəl]
Roemenië (het)	**Romania**	[ruːˈmeɪnɪə]
Rusland (het)	**Russia**	[ˈrʌʃə]
Saoedi-Arabië (het)	**Saudi Arabia**	[ˈsaʊdɪ əˈreɪbɪə]
Schotland (het)	**Scotland**	[ˈskɒtlənd]
Senegal (het)	**Senegal**	[ˌsenɪˈgɔːl]
Servië (het)	**Serbia**	[ˈsɜːbɪə]
Slovenië (het)	**Slovenia**	[sləˈviːnɪə]
Slowakije (het)	**Slovakia**	[sləˈvækɪə]
Spanje (het)	**Spain**	[speɪn]
Suriname (het)	**Suriname**	[ˌsʊərɪˈnæm]
Syrië (het)	**Syria**	[ˈsɪrɪə]
Tadzjikistan (het)	**Tajikistan**	[tɑːˌdʒɪkɪˈstɑːn]
Taiwan (het)	**Taiwan**	[ˌtaɪˈwɑːn]
Tanzania (het)	**Tanzania**	[ˌtænzəˈnɪə]
Tasmanië (het)	**Tasmania**	[tæzˈmeɪnjə]
Thailand (het)	**Thailand**	[ˈtaɪlænd]
Tsjechië (het)	**Czech Republic**	[tʃek rɪˈpʌblɪk]
Tunesië (het)	**Tunisia**	[tjuːˈnɪzɪə]
Turkije (het)	**Turkey**	[ˈtɜːkɪ]
Turkmenistan (het)	**Turkmenistan**	[ˌtɜːkmenɪˈstɑːn]
Uruguay (het)	**Uruguay**	[ˈjʊərəgwaɪ]
Vaticaanstad (de)	**Vatican**	[ˈvætɪkən]
Venezuela (het)	**Venezuela**	[ˌvenɪˈzweɪlə]
Verenigde Arabische Emiraten	**United Arab Emirates**	[juːˈnaɪtɪd ˈærəb ˈemərəts]
Verenigde Staten van Amerika	**United States of America**	[juːˈnaɪtɪd steɪts əv əˈmerɪkə]
Vietnam (het)	**Vietnam**	[ˌvjetˈnɑːm]
Wit-Rusland (het)	**Belarus**	[ˌbeləˈruːs]
Zanzibar (het)	**Zanzibar**	[ˌzænzɪˈbɑː(r)]
Zuid-Afrika (het)	**South Africa**	[saʊθ ˈæfrɪkə]
Zuid-Korea (het)	**South Korea**	[saʊθ kəˈrɪə]
Zweden (het)	**Sweden**	[ˈswiːdən]
Zwitserland (het)	**Switzerland**	[ˈswɪtsələnd]

ENGELS
WOORDENSCHAT

NEDERLANDS
ENGELS

De meest bruikbare woorden
Om uw woordenschat uit te breiden en
uw taalvaardigheid aan te scherpen

3000 woorden

Thematische woordenschat Nederlands-Amerikaans-Engels - 3000 woorden

Door Andrey Taranov

Woordenlijsten van T&P Books zijn bedoeld om u woorden van een vreemde taal te helpen leren, onthouden, en bestudering. Dit woordenboek is ingedeeld in thema's en behandelt alle belangrijk terreinen van het dagelijkse leven, bedrijven, wetenschap, cultuur, etc.

Het proces van het leren van woorden met behulp van de op thema's gebaseerde aanpak van T&P Books biedt u de volgende voordelen:

- Correct gegroepeerde informatie is bepalend voor succes bij opeenvolgende stadia van het leren van woorden
- De beschikbaarheid van woorden die van dezelfde stam zijn maakt het mogelijk om woordgroepen te onthouden (in plaats van losse woorden)
- Kleine groepen van woorden faciliteren het proces van het aanmaken van associatieve verbindingen, die nodig zijn bij het consolideren van de woordenschat
- Het niveau van talenkennis kan worden ingeschat door het aantal geleerde woorden

T&P Books Publishing
www.tpbooks.com

ISBN: 978-1-78492-369-3

Dit boek is ook beschikbaar in e-boek formaat.
Gelieve www.tpbooks.com te bezoeken of de belangrijkste online boekwinkels.